M ethodology

企业管理方法论

孙维林◎著

of

E nterprise

M anagement

中国工人出版社

图书在版编目（CIP）数据

企业管理方法论 / 孙维林著. -- 北京 : 中国工人出版社，2020.12
ISBN 978-7-5008-7567-3

Ⅰ. ①企… Ⅱ. ①孙… Ⅲ. ①国有企业—企业改革—研究—中国
Ⅳ. ①F279.241

中国版本图书馆CIP数据核字（2020）第245689号

企业管理方法论

出 版 人	王娇萍
责任编辑	左　鹏
责任印制	黄　丽
出版发行	中国工人出版社
地　　址	北京市东城区鼓楼外大街45号　邮编：100120
网　　址	http://www.wp-china.com
电　　话	（010）62005043（总编室）　（010）62005039（印制管理中心）
发行热线	（010）62005996　（010）82029051
经　　销	各地书店
印　　刷	三河市万龙印装有限公司
开　　本	880毫米×1230毫米　1/32
印　　张	7.5
字　　数	180千字
版　　次	2021年1月第1版　2022年10月第2次印刷
定　　价	75.00元

序　言

党的十八大以来，以习近平同志为核心的党中央十分重视我国国有企业的发展和壮大。习近平总书记在考察经济工作时强调，我们要向全社会发出明确信息：搞好经济、搞好企业、搞好国有企业。要坚持国有企业在国家发展中的重要地位不动摇，坚持把国有企业搞好，把国有企业做强做优做大不动摇。在全国国有企业党的建设工作会议上，习近平总书记明确提出了国有企业的“六个力量”：使国有企业成为党和国家最可信赖的依靠力量；成为坚决贯彻执行党中央决策部署的重要力量；成为贯彻新发展理念、全面深化改革的重要力量；成为实施“走出去”战略、“一带一路”建设等重大战略的重要力量；成为壮大综合国力、促进经济社会发展、保障和改善民生的重要力量；成为我们党赢得具有许多新的历史特点的伟大斗争胜利的重要力量。

要搞好国有企业就一定要坚持改革。那么，国有企业应该怎么改革？习近平总书记亲自推动，作出部署，党中央出台了一系列文件：

——十八届中央全面深化改革领导小组第十三次会议审议通

过了《关于在深化国有企业改革中坚持党的领导加强党的建设的若干意见》《关于加强和改进企业国有资产监督防止国有资产流失的意见》，对在国企改革中加强党的领导以及防止国有资产流失进行具体部署。

——出台《中共中央、国务院关于深化国有企业改革的指导意见》，明确了改革的原则和具体措施，提出要推进国有企业混合所有制改革，以促进国有企业转换经营机制，放大国有资本功能，提高国有资本配置和运行效率。

——十八届中央全面深化改革领导小组第十七次会议审议通过了《关于国有企业功能界定与分类的指导意见》，根据主营业务和核心业务范围，将国有企业界定为商业类和公益类，分类推进改革、分类促进发展、分类实施监管、分类定责考核。

——十九届中央全面深化改革委员会第一次会议审议通过了《关于改革国有企业工资决定机制的意见》，要求建立健全同劳动力市场基本适应、同国有企业经济效益和劳动生产率挂钩的工资决定和正常增长机制。

——十九届中央全面深化改革委员会第二次会议审议通过了《关于加强国有企业资产负债约束的指导意见》《中央企业领导人员管理规定》，就加强国有企业资产负债约束、加强中央企业领导人员管理作出部署。

这些意见和方案以习近平新时代中国特色社会主义思想为根本遵循，涵盖了国企改革的方方面面，明确了改革路线图，为做大做强做优国有企业指明了方向，也为国有企业领导干部搭建了更为广阔的舞台。

孙维林同志长期在国有大型建筑施工企业工作，退休前担任北京建工集团党委书记、董事长。从本书的一篇篇论述中，我们不难看出，孙维林同志对中国特色社会主义条件下国有企业的内在发展规律有着深刻的理解，对国有企业管理体制改革和产权制度改革有着深刻的理解，对国有企业加强党的领导和党的建设有着深刻的理解。这一切都源于孙维林同志乐于学习、勤于思考、勇于实践、善于总结。

孙维林同志乐于学习。他年轻时参军，在部队养成了看书读报的好习惯，成为师政治部的政治教员。随部队集体转业到北京市城市建设工程总公司（北京城建集团前身）后从事宣传工作，他广泛涉猎政治学、经济学、管理学和企业经营知识，并在党组织的重点培养下实现了从企业政工干部到企业经营管理干部的华丽转身，48 岁担任北京住总集团党委副书记、总经理，50 岁担任北京建工集团党委书记、副董事长，一年后成为北京建工集团党委书记、董事长。数十年里，他的岗位不断变化，而他始终坚持不懈地学习，特别是担任大型国有企业一把手之后，更加注重党的政治理论和大政方针政策的学习。他始终认为，学习是开启智慧大门的钥匙。

孙维林同志勤于思考。学而不思则罔，思而不学则殆。因为思考，才有了诸葛亮审度乱世、力挽狂澜、三分天下的壮举；因为思考，牛顿才能从看到苹果落地进而发现万有引力定律……古今中外，凡成大事者都是勤于思考的人，因为他们善于发现问题、解决问题，绝不让问题成为前进中的难题。大型国有企业的领导干部，要对国家各个时期的经济社会发展形势保持清醒的认识，以长远的战略眼光关注发展大局，以前瞻性的思维捕捉企业的发展契机。还要对中国特色社会主义的历史发展阶段保持清醒的认识，以高度的政治责任感，不折不扣地贯彻落实党中央推进国有企业改革的一系列部署，加强党对国有企业的全面领导，确保国有企业改革和发展的正确方向。本书收录的文稿，都是孙维林同志遵循中国特色社会主义理论，在深入调查研究的基础上，以自己的独立思考形成的思想结晶，而非人云亦云。

孙维林同志勇于实践。2001 年 1 月，时任北京住总集团总经理的他奉命调任北京建工集团党委书记兼副董事长。当时的北京建工集团，是一个有着近 50 年历史的特大型建筑施工企业，为北京和国内其他城市累计建成各类建筑 8000 多万平方米，累计实现利税 30 多亿元。但是，面对市场经济大潮，这个北京建筑业乃至全国建筑业的“龙头老大”，却经历了 10 年的痛苦徘徊。孙维林同志上任伊始，就把解放思想、更新观念作为党委的“一号工程”，走出去，请进来，自上而下开展教育活动，层层转变思想观念，从而为推进集团的各项改革打下坚实的思想基础。

孙维林同志担任北京建工集团党委书记、董事长之后，审时度势，以非凡的胆略，带领“一班人”开启了北京建工集团产权改革的宏伟征程：第一步，剥离三级企业，先后以有限责任公司、股份合作制、承包或租赁等多种形式，使国有资本退出或基本退出长期困扰集团发展的363个小型法人实体；第二步，开拓性地推出了"捆绑式"资产重组模式，积极引进社会资本对二级企业进行改制，先后有10多个二级企业与民营资本"喜结良缘"；第三步，做强做大集团总部。10年坚持不断深化改革，使北京建工集团焕发了生机和活力，发展成为年综合经营额突破250亿元的建筑业航空母舰。

孙维林同志善于总结。大型国有企业的领导干部，不仅要有优秀的品德、丰富的知识，出众的才能、博大的胸怀，还要善于不断地总结企业改革和发展中的经验教训。

善于总结经验是我们党的优良传统，纵观党史，之所以能够不断从胜利走向胜利，其中一个重要原因，就是善于总结经验。正如毛泽东同志在1965年与程思远谈话时所言，"我是靠总结经验吃饭的"。事实证明，从革命年代、建设时期到改革开放，打完一场仗、建完一项工程、推进一项改革，我们党都会及时总结反思，及时纠正失误，并把实践上升为理论。正是在不断地总结归纳中，我们走出了一条符合国情的中国特色社会主义道路，筑牢了事业发展的坚实基础。

孙维林同志不仅善于总结本企业的经验，还善于通过走出去参观学习、请进来传经送宝等方式方法，总结兄弟国有企业的经验，巧取他山之石为我所用。总结是一种智慧，也是一门学问，他的总结艺术在书中也表现得淋漓尽致。

《企业管理方法论》从国企改革改制、国企经营管理、国企领导班子、国企党的建设四个维度，阐述了国有企业的治理方略，真实地记录了孙维林同志在四十多年的不懈探索中，以改革为动力，做强做优做大国有企业的充满激情的心路历程。

企业里那些创新并创造价值的领导者就是企业家。

企业家精神是企业家在创新活动中表现出来的价值取向和思想精神，反映企业独特的历史文化、市场环境和个体偏好。

企业家始终是发展创新型经济的中坚力量。发展创新型经济是世界大势，中国企业家大有可为。

企业家与市场经济相伴而生，可以说凡是企业家能够像雨后春笋般诞生并茁壮成长的地方必定是市场经济发达的地方。

我国进入了一个不创新就难以发展的阶段，需要千千万万的企业家和创新者。去年国庆节前，有一份重要文件正式发布，就是《中共中央国务院关于营造企业家健康成长环境弘扬优秀企业家精神更好发挥企业家作用的意见》，这被认为党和国家首次以专门文件明确企业家精神的地位和价值，这个重要文件令中国的企业家们集体兴奋起来。该文件中指出，“弘扬敢闯敢试、敢为天下先、敢于承担风险的精神，支持企业家敏锐捕捉市场机遇，不断开拓进取、拼搏奋进，争创一流管理、一流产品、一流服务和一流企业文化，提供人无我有、人有我优、人优我特、人特我新的具有竞争力的产品和服务，在市场竞争中勇立潮头、脱颖而出，培育发展壮大更多具有国际影响力的领军企业”。孙维林同志所著的《企业管理方法论》体现了现代企业家精神，孙维林同志所在的北京建工集团是建筑业的领军企业。希望有更多的企业家从事企业改革的研讨、企业管理的实践，铸就新时代的辉煌！

编辑出版本书，希望对企业经营管理者有所帮助，特别希望国有企业的领导干部们读后有所启迪。

姚兵

2020 年 9 月 18 日

（作者系住房和城乡建设部原总工程师）

METHODOLOGY
OF ENTERPRISE
MANAGEMENT

目 录

第一章 国企改革改制

第四章 国企党的建设

企业管理方法论

第一章 国企改革改制

METHODOLOGY OF ENTERPRISE MANAGEMENT

更新观念，共谋发展

当前，解放思想、更新观念、拓宽经营思路是第一位的任务。只要思想进一步解放了，观念进一步更新了，经营管理思路才能进一步拓宽。如果大家都以发展生产力为标准来评判工作中的是非和得失，企业向前再跨一大步，是没有问题的。我们有自己的优势，虽然施工任务主要通过市场竞争获得，但是还有一部分自己开发的工程项目作为补充。

搞好一个企业，首要的是用人。有了人才，企业就好办了。今天，我们缺人又不缺人。说缺人，是因为根据企业发展的需要，专业管理人才相对紧缺，大量的管理工作缺少专业人才去做；说不缺人，是因为受旧体制的束缚，现有的许多人才无法实现合理流动，被埋没了。这就说明，我们的用人观念还没有跟上市场经济发展的步伐，企业党政一把手的思想观念需要转变，尤其是用人观念需要更新。否则，企业管理、经营、体制等方面存在的一系列问题都无法解决。

与此同时，分配制度要有利于调动职工的积极性。目前，分配制度仍然是调动干部职工积极性的决定性因素，一定要做到按劳分配，决不能继续吃大锅饭，干不干一个样，干好干坏一个样，有效益没效益一个样。

要对臃肿的企业经营管理机构进行精简，实现减员增效。现有的小企业中，有的人员负担很重，必须分流。比如，有的公司现有 2000 多人，按人均 2 万元计算，一年光人员支出就需要 4000 万元，可一年的经营额才 4 亿多元。能不能分流一部分职工出来，经过培训后从事物业服务？我们像这样的企业不止一两家，要下决心分流，开辟新的经营项目，寻找新的经济增长点。

我们的发展潜力非常大，前途也非常光明。在战略上要藐视困难，在战术上要重视困难，目标要鼓舞人心，措施要扎扎实实。只要各级领导干部把思想统一到发展生产力上面来，把全体员工的工作积极性调动起来，在三年之内赶上兄弟单位是没有问题的。关键看领导层有没有这个信心。

解放思想，转换机制，搞活企业

著名管理学家托夫勒有一句名言：生锈的思想比生锈的机器更严重。机器生锈可以修理，人的思想生锈了一定会陷入一场危机。新中国成立以来，我们经历了三次思想解放，每一次都促进了生产力的发展。

解放思想　主动走向市场

对于企业发展而言，我们提出“四破四立”。第一，在对社会主义的认识上，破除所有制上的“一大二公”、公有制实现形式上的“清一色”、投资主体上的“单一化”“产权固有化”、分配制度上的“唯劳分配”以及就业政策上的“人人有工作，人人有饭碗”等观念，树立“社会主义就是解放生产力，发展生产力”“公有制实现形式可以而且应当多样化”“发展是硬道理”“三个有利于”等全新观念。第二，破除计划经济条件下形成的“等、靠、要”和长期依赖内部市场的习惯思维，增强市场意识，树立“不找市长找市场”“从来就没有什么救世主”“只有自己救自己”的竞争观念。第三，破除小农经济的“小生产”“小而全”“小进即满”“小富即安”意识，树立“社会化大生产，专业化大协作”“一体化”“一条龙”的大住总意识和“小进则退，不进则亡”的开拓进取观念。第四，破除思维方式上的“宁走百步远，不迈一步险”“上游冒险，下游危险，中游保险”“只讲原则性，不讲灵活性”等观念，树立“发展大住总，占领大市场，争创第一流”的雄心壮志。

解放思想的目的，在于企业尽快走向市场，主动地抓住发展机遇。当前一个非常重要的方面，就是要加大招投标力度。作为一个建安、开发企业，销售、招投标是龙头，如果在市场上拿不到施工任务，一切都成了空谈。第一要党政一把手亲自抓招投标，行政一把手要拿出百分之六七十的精力来抓招投标工作。第二要真正建立健全招投标的组织机构，自上而下都要切实把招投标作为企业的龙头部门来抓。第三要在人财物上给予保证，配备最优秀的人员从事招投标，要有专车和专用的通信工具。第四要重视中介组织，中介组织是市场经济的产物，具有桥梁和纽带的作用，对支付合法的中介佣金要有正确的认识。第五要提高招投标的质量，特别是报价、施工组织方案的质量以及公共关系的质量。要大力宣传企业，提高住总的知名度；大力宣传名牌产品，提高住总品牌知名度；大力宣传企业法人，提高企业法人代表的知名度。

转换机制　搞活企业经营

一个成熟的企业要从理论和实际两个方面系统地思考问题，否则就会头痛医头，脚痛医脚，工作零打碎敲。企业的工作千头万绪，务必抓住主要矛盾，当前的主要任务是转换企业经营机制。

1. 建立现代企业制度是住总改革的方向。积极推进股份制改造，按照“产权清晰，权责明确，政企分开，管理科学”的要求，加快公司制改造，并使其规范化。采用多种形式放活小企业，加快对集团所属小企业的股份合作制改造步伐。

2. 逐步界定集团总公司和二级公司、事业部之间的关系，明确各自的责任。未来的集团总公司应该成为资本运营中心，二级公司应该成为资产管理中心，项目部则是成品制造中心。资产配置权、生产力配置权，应该掌握在二级公司手里。

3. 从整体上考虑产业结构调整和组织机构调整，把住总建设成为富有生命力的企业。所谓富有生命力，即应该具有敏感性、适应性、持续性。对没有效益的企业实施关停并转，这是我们未来结构调整的重要方面。

4. 建立精干、严密、高效的企业管理系统。我们企业现有的管理系统，纵向不到底，横向不到边。因此，在改革的同时建立有效的系统管理制度，使每个系统都有规可循，是非常紧迫的工作。

5. 建立完善科学的企业管理制度，尽量减少“人治”因素。管理是企业永恒的主题。没有管理，一个现代化企业也会成为一盘散沙，所以说管理也是生产力，而且是非常大的生产力。我们要充分认识管理的重要性，在企业管理上下真功夫，否则会遗憾终生。

态度决定高度，思路决定出路

没有思想的解放和观念的更新，就不会有思想认识的统一和自觉改革的行动。我们必须把学习理论、解放思想、更新观念，作为推行改革的先导，列为党政领导班子工作的“一号工程”，精心安排，抓好落实。一是集中学习，就深化改革与转换机制等重大问题统一思想认识。二是“请进来”，请科研院所、高等院校的专家学者和政府官员及各地有作为的企业家到集团来讲课。三是“走出去”，到各地先进企业考察学习，开阔思路和眼界，取他人之长，补自己之短。

领导干部对改革的探索进取精神和勇于牺牲精神，是企业改革发展的第一动力。领导干部在改革、改制过程中，都要有一种敢为人先的“吃螃蟹”精神，并且在实施决策、执行决议、维护法人代表权威方面，都要表现出毫不动摇的坚定性和向心力。

国有企业的改革不是少数经营者的行为，而是千百万人的事业，没有广大职工的理解和支持，改革不可能成功。因此，从改革方案的制定、选择、实施以及宣传上，一定要体现改革的目的是让广大职工得到好处。讲清职工得到的好处更多的是多劳多得的利益机会，而不是现成的果实，必须经过创造性的劳动才能获得；讲清分流是劳动力资源的重新配置和生产要素的优化组合，是为了更好地解放生产力，更好地调动广大干部、职工的劳动积极性，提高劳动生产率，以满足职工日益增长的物质文化生活的需要。通过改革，要让广大职工切切实实地感受到实惠。

企业改革能否成功，除了外界是否有足够的压力、内部职工是否有改革的愿望和要求、改革方案是否切合实际等三大条件外，采取什么样的策略至关重要。许多改革之所以不成功，原因不在于改革的方向、思路和方案不对，而是因为策略和操作技巧简单生硬。要想改革成功，应该下大力气研究改革的战略战术。比如，什么事情要大讲大干，什么事情应少说多干或只干不说，等等，都要把握好“度”，掌握好分寸。

传统企业如何在新经济中焕发生机和活力

全世界都在关心中国的国有企业向何处去。中国人更是担忧：在全球经济一体化的今天，国有企业这面社会主义红旗还能扛多久？

著名企业管理学家托弗勒说："过去的辉煌就是未来走向灭亡之路"。面对不断深化的改革开放，一个老牌的国有企业如何再创辉煌？

首先，观念和思维方式的现代化。20 世纪 80 年代，在瑞士曾召开了一次世界经济论坛，各界人士得出了一个非常重要的结论：发展中国家的落后不在于缺少资金，缺少技术，缺少人才，关键在于发展中国家的观念和思维方式的落后。资本、技术可以得到外援，但是人的观念和思维方式的现代化是无法通过外援来实现的。老国有企业要重获新生，最重要的就是员工思维方式和观念的现代化。

其次，产权清晰化和投资主体多元化。经济学家认为，国有企业要再创辉煌最大的难度就是产权不清，投资主体单一，这制约了大中型国有企业的发展。北京建工集团产权清晰化，就是必须承担起为政府管理国有资产的重要责任。投资主体多元化，就是要通过改革产权结构，改变长期以来投资主体单一的状况，实现投资主体的多元化。事实证明，产权清晰化和投资主体多元化，是老国有企业获得新生最重要的途径。

最后，国有企业的生机和活力来自机制的转化。最关键的就是两条，一是用人机制，二是分配机制。我们总是讲企业的竞争是人才的竞争，人才的竞争又是人才素质的竞争。在当今中国的所有企业里面，国有企业拥有的人才仍然是最多的，最强的，但是由于用人机制存在弊端，压抑了人才积极性的发挥。为什么如此强大的国有企业，在市场竞争中会不敌民营企业呢？原因之一在于用人机制的滞后，没能为员工创造一个宽松的环境。加大用人机制的改革力度，已经成为国有企业的当务之急。分配机制改革与用人机制改革密切相关，价值和价格的背离不可能留住人才。马克思创立的资本论、劳动价值论，仍然是我们今天发展市场经济的重要理论基础。

观念·产权·机制·开放

马克思主义认为，生产关系一定要适应生产力的发展状况。企业的改革调整，就是要使企业的生产关系进一步适应并促进生产力的发展。存在决定意识，有什么样的思想观念，有什么样的思想方法，就有什么样的行动。市场不允许落后，只有不断地更新观念，企业才有生存的希望。

搞改革要以有利于生产力发展，有利于提高企业的竞争实力，有利于提高职工群众的综合生活质量为标准，不能以是否有利于规章制度为标准。要想把企业重组改制搞成功，就必须搭上民营企业的车，国有资产只有搭上民营企业好的体制机制的车，才能保值增值。否则靠我们自己管，不可能发生根本的变化。

观念不能代替物质生产活动，企业能否适应市场，经营机制是决定因素。有些企业，特别是工业企业，从“一五”到“九五”，经营机制基本没变，这是企业长期不能走出困境的根本原因。事实表明，只有机制变了，企业才能活起来。

除了产权制度改革，我们还要进行分配制度改革、人事制度改革、项目管理制度改革等，这都是非常重要的。比如说，如果分配制度不改革，有的项目亏了，项目经理部的待遇却不变。这种管理体制、管理机制不改革，企业即使开印钞厂也避免不了倒闭。所以我们现在强调企业要对二级公司的分配机制、体制的改革进行管理。项目上已经讲了若干年了，为什么还是吃大锅饭？为什么干亏了还接着再来干，什么原因呢？主要原因是一个领导长期在一个地方干，很难拉开情面。如果分配制度、用人制度不改革，不采用外部平台来竞争，企业很难适应市场。我们内部也应该竞争。干部使用以前就应公开，看看到底有什么方针政策、思路能把企业治理好。所以，改革不光是产权制度改革的问题，分配制度要改革、用人制度要改革、项目承包的机制体制也要改革要完善。怎么改革、怎么跟国际接轨，这是我们应该认真研究的。由施工总承包到工程总承包，必须解决这些重大原则问题。

要树立新的用人标准。既要贯彻德才兼备的原则，又要以是否推动企业生产力的发展作为干部评价使用的标准。推动企业发展的干部就要任用，不能促进企业发展的领导就要下来。辩证唯物主义认为，物质是基础，存在决定意识，精神文化对物质生产和再生产有能动作用。没有物质生产和再生产就谈不上人类精神文化的发展，没有企业生产的发展，就无法改善群众的生活水平，就代表不了人民群众的根本利益。转换用人机制，还要开拓新的用人渠道。要以开放的胸怀吸引社会人才到企业来。在用人机制的转换上，要有新的用人机制，更要有新的用人标准。不能用老的标准来选人用人，要以实现生产力的发展为标准。

在社会主义初级阶段，分配机制和用人机制仍然是调动职工积极性的最重要措施之一。改革机制和用人机制不是目的，只是手段，真正的目的在于进一步打破用人上的封闭保守、干部只能上不能下等弊端，进一步打破分配上的大锅饭和攀比之风，实现让一切有利于企业发展的活力竞相迸发，让一切创造财富的积极性充分涌流，促进企业的发展。

分配机制上强调两点。第一，按劳分配。按劳分配讲了几十年，我们并没有科学地把握其内涵。现在的工资还在一定程度上存在着变相的大锅饭。机关分几类科员，但如何划分的，没有岗位说明。二级公司的分配也不科学。贯彻按劳分配的原则，管理4000人年产值18亿元的公司与管理300人年产值5000万元的公司要区别开来。劳动付出不同，所得的薪酬也应该不同。否则，不考虑规模、负担情况，标准都一样，这不叫按劳分配。按劳分配的标准，就是各项经济技术指标、产值、利润的完成情况。第二，要将管理、技术、资本等要素作为参与分配的依据，作为分配的补充。要逐步探索这方面的新途径、新办法、新措施。提倡“劳动致富光荣”，谁为企业发展付出了劳动，谁就应该取得回报；谁为企业创造了产值，创造了利润，谁就应该先富起来。

牢固树立发展的观念

发展是我们企业赖以生存和解决若干历史问题最重要的前提。我们所有的领导干部都要树立发展的观念。我们党要代表先进生产力，代表先进文化，代表人民群众的根本利益，归根结底要促进生产的解放，促进生产力的发展。发展是硬道理。不发展，沉淀的历史问题解决不了；不发展，企业的生产力解放不了；不发展，员工的生活水平提高不了。我们要加快发展。一切无关的、无效的劳动都应该让路，都应该取消。所以说，生产经营是企业的中心，提高经济效益是我们企业最大的追求。

我们要牢固树立发展的观念，牢固树立企业经济效益的观念，各个系统、各个产业都要用生产力的标准、经济效益的标准来检查、来衡量我们的工作，是有利于解放生产力、发展生产力，还是不利于解放生产力、发展生产力；是有利于提高企业的经济效益，还是不利于提高企业的经济效益。我们的工作对企业的发展，对经济效益的提高起了多少作用。一个人的劳动是否有价值，是否经过交换实现了它的价值，尤其是我们机关的劳动、事业单位的劳动，是不是经过市场的交换实现了价值，没有实现价值的这种无效的劳动越多，对企业的资源浪费就越严重，干了半天，没有给企业带来价值，没有给企业带来效益，这不是无效劳动吗？所以说我们要树立发展的观念，把发展的观念、经济效益的观念放在第一位，每一位同志都要用经济效益的观念来评价自己的劳动。

我们现在面临的问题很多，面临的矛盾也很多，只能向前看，通过发展来解决，因为发展是硬道理，如果老向后看是解决不了问题的。这对重组改制企业尤其如此，合作双方都要面向未来，面向发展，如果老向后看，越看问题越多，越看越解决不了。就像有些社会问题一样，如地区发展不平衡问题、环境污染问题，等等，还得靠发展来解决，不发展永远也解决不了；同时，解决这些问题需要一个过程，不能一蹴而就。发达国家在 20 世纪 60—70 年代也经历了一个环境污染阶段，像东京、伦敦等大城市在当时环境污染普遍严重（那时的报纸报道得很多），最终还是在发展中解决了这个问题。这说明有些问题不是我们国家特有的问题，而是工业发展的必经阶段。所以有问题、有矛盾并不可怕，关键是看用什么样的态度和方式来对待、来解决。

企业集团里的各个单位发展背景和环境不一样，发展中面临的问题和矛盾也不尽相同。我们要辩证地分析问题和解决问题，抓住主要矛盾，下决心解决一两个关键性的问题。

开放办企业

要开放办企业，首先要树立开放意识。要想把企业重组改制搞成功，就必须搭上民营企业的车，国有资产只有搭上民营企业好的体制机制的车，国有资产才能保值增值。否则靠我们自己管，不可能发生根本的变化。要保证利润最大化，首先我们要开放。我们在这样一个封闭的小圈子里办企业，人财物画一个小圈子，估计这种时代一去不复返了。没有一个开放的理念，关起门来办企业，我们的企业就会越办越收缩。所以说，要有一个开放的思维方式，开放的心态。

坚持“开放的用人观”，要开放引进人才。我们有很多管理人才集中在主业上，而在财务系统、经营系统等都比较缺乏人才。所以要开放搞企业，敞开胸怀搞企业，加快引进步伐。要破除小团体人才意识，拓宽用人视野，提倡“不问来路，只求所用”。坚持以客观科学的标准来选人用人。人才的标准是能不能给企业带来效益，能不能促进生产力的发展。所以要用人所长，避人所短，防止求全责备。还要坚持干部能上能下制度和干部交流制度。对于不适应企业发展的领导干部要果断采取组织措施。打破“人才单位所有制”，促进集团领导干部的定期轮岗和人才的合理流动。

要开放地引进好的管理办法、管理思路。我们有的领导干部在进入改制企业后变化很大，这就是改革开放的结果。总而言之，我们必须树立开放的意识，要彻底打破封闭式搞经营、关起门来搞生产的思维，走出去请进来，跟大企业进行合作，跟知名企业合作。

改革要与开放同行

改革与开放是一个问题的两个方面，只改革不开放，或者只开放不改革都不能达到解放生产力、发展生产力的目的。邓小平同志讲的改革开放是两个方面，只改革不开放，中国的社会主义建设是没有希望的，只改革不开放的企业同样是没有希望的。有的企业长期封闭在一个小圈子里，长期保持一种固定的思维方式，根本不了解外面的世界，不了解外面的情况，因此我们提倡并强调要开放地搞企业，要走出去请进来，可以学习兄弟单位的经验和好的做法，要加强人员交流，破除长期形成的固定的思维方式。

改革开放是一个统一的整体，开放本身也是改革。改革开放是发展中国特色社会主义的强大动力，改革开放的根本目的在于解放和发展生产力，让人民过上幸福生活，赋予社会主义新的生机和活力。只有开放兼容，国家才能富强，闭关锁国必然落后。中国的发展说明，现在的世界是开放的世界，任何一个国家要发展，孤立起来，闭关自守是不可能的，是没有出路的。开放和兼容，两者是相互联系的。只有开放，先进的和有用的东西才能进来；只有兼容，尊重不同文明，取长补短，才能使自己不断充实和强大起来。没有开放兼容就不可能发展，推进改革的同时要强调开放兼容。

要以一种包容的心态来接触合作的对方，要有一个磨合期，只要有利于解放生产力、发展生产力，我们就应该支持。但是，我们个别的领导班子、个别的领导不是这么考虑问题的，不论事情对不对，而是先与以前的做法进行比较，不一样心里就不舒服、不痛快，有的领导分工调整后心里也不舒服，就认为改革侵犯了自身利益。

让我们来研究一下美国的历史。美国历史短暂，20 世纪是美国发展的百年，美国吸纳全世界优秀人才，因此美国强大了。但现在美国社会在慢慢封闭，所以美国的专家学者说这是美国逐步走向衰败的一个起点。按物理学的理论，在封闭状态下运行会形成内耗，在开放的状态下运行，能量能发挥出去、能释放出去，会减少内耗。虽然用物理学的现象来解释企业不一定合理，但这个观点是正确的。

因此，我们强调要以开放的心态和胸怀、以包容的心态和胸怀来学习兄弟单位的经验，而不要用传统的思维方式来评价新出台的体制、制度。我们要加大宣传教育的力度，尤其是改制企业要加大宣传教育的力度，教育干部职工以宽容的胸怀、开放的胸怀、包容的胸怀来对待新的体制、新的机制，讨论一个问题要看这个问题是否有利于生产力的解放和发展。

要充分预见到后奥运时期首都经济国际化水平提升的机遇，努力寻求和探索与国内外金融机构和大企业、大集团、研发中心、结算中心、采购中心等经济组织的合作，利用国际化的首都带动集团的国际化。从集团发展的战略需求出发，深化用人机制改革，面向国内国际两个市场，加快引进不同层次、不同类别的经营管理人才，特别要重视引进和培养通晓国际规则的人才，为建设集团的国际竞争力提供必要的人才支撑。

坚定不移地推动产权结构调整

产权改革是我们必须坚持的一项基本方针，要紧紧抓住产权这个核心，进一步促进投资主体的多元化，解决困扰企业发展的体制性问题和历史遗留问题，增强企业的动力与活力，实现国有资产保值增值。有的事业部潜亏已经接近2亿元，历史欠税1亿多元，不通过改制来消化潜亏和欠税，怎么办？从根本上解决这些问题，还得靠改制重组，不改制就没有出路。

国有企业产权制度改革是历史性的突破，关键是解放思想，转变观念。国有企业进行改革特别是产权制度改革，是对企业原有的思想与观念、体制与机制的重大冲击，是对企业几十年历史的突破和飞跃。没有思想上的解放，没有观念上的突破，国有企业的改革特别是产权制度改革就难以深入下去。

国有企业产权制度改革是企业的再生，原则是实事求是，因企制宜。企业改制直接关系企业今后的生存发展，必须根据企业的不同情况，制定和采取不同的方案，不能一刀切，包括不同的合作伙伴、不同的注册规模、不同的股比。

国有企业产权制度改革是资源的优化配置。改制的目的是通过资源的优化配置，为企业今后的发展搭建一个良好的平台，促进企业的发展。因此，我们在改制中要解决好企业的历史遗留问题，确保改制后的企业有一个好的发展基础。一是对人员结构进行调整，大量削减富余人员。二是职工的安置和离退休人员费用问题。我们的改制一般采取整体改制的方式，企业的资产、债权、债务和职工全部纳入改制范畴，原企业的职工、下岗人员、离退休人员都要由新的公司管理，按照相关政策在存量资产中给予补偿的方式进行解决。三是不良资产与潜亏问题。在改制中，我们对企业存在经评估确认的坏账等不良资产报经主管部门审核批准后进行核销。四是非经营性资产问题。我们在改制中的投资全部是实物资产，其中有大量非经营性资产，而合作方投入的基本是货币资金，针对不同情况，我们对改制企业给予了适量的补偿。五是改制要坚持为政府分忧。

国有企业产权制度改革是生产力的解放，检验标准是是否促进生产力的发展。解放和发展生产力是企业改制的出发点和落脚点，也是检验企业改制成功与否的基本标准。从集团已经改制企业的发展看，趋势是良好的，成效是明显的。

突破改制过程中的控股思维

在改制问题上，大家要跳出“不控股就会失去影响力”的误区，要充分认识到控股不是最终的目的，搞股份有限公司真正的目的是解放生产力，发展生产力。解决了产权问题，通过股份制来使国有资本能够更好地组织起来，我们就达到了解放生产力、发展生产力的目的。

国企改制的目的是让企业的各种资源得到更合理配置，并发挥最大的作用，为职工和社会创造更多的价值，而不应像有些企业的改革只追求绝对控股，这样在企业资金紧张的情况下是很难推进的。此外，不追求绝对控股就可以避免国企改革中“一股独大”的“弊端”局面，这样对建立与完善现代企业制度是有很大的帮助的。

加大资源向优势产业和重点领域集中

要坚持资源向优秀的管理团队倾斜、转移，向优秀的精英手里转移。要坚持资源重新配置的原则，加快资源配置速度，让企业资源存量配置得更加合理，使所有资源都能够迸发出活力，产生利润。

我们特别强调占有多少资源，就要交回多少回报。我们加快资产重组、重新配置资源，就是要发挥资源的最大效益。我们要继续加大改革力度，推进产权结构调整和资源的重新配置。另外，要加快产业结构调整、区域结构调整，对人力资源、物质资源进行合理的调整配置，使所有的资源更好、更快地流动起来。

马克思指出，资本只有在流动当中才能增值。要在提高建安施工总承包能力和提高项目盈利水平上下功夫，使这两种能力能够有大幅度的提高。建安主业是品牌，不能放弃，但不要只顾做大，还要做强，争取利润率能达到 1%。照此比例，150 亿元就是 1.5 亿元的利润，1.5% 就是 2 亿多元的利润，空间非常大。这几年，我们都在反复讨论为什么一干就亏，工程总承包一包就亏，能不能不亏？现在已经有不少好的大项目小项目解决了这个问题。这说明亏没有必然性，不是非得亏，关键是怎么去管理。

我讲过日本丰田汽车公司的企业理念，要在拧干的毛巾上再挤出一滴水。成本管理就要这样要求。看看我们有的项目管理，大量有用的材料当废品卖掉，成本能降低吗？在提升建安主业的同时，要加大对房地产的投入。在推动两大主业发展的过程中，要测算出 1 元钱投到地产上是多少盈利，投到物业上是多少盈利，投到物流上是多少盈利。有关部门拿出这些数据来，为未来的资源配置提供科学的依据，而不能仅靠领导的意见。要消灭亏损、不盈利的企业，把资源向优秀的行业产业倾斜，向盈利水平高的行业倾斜。

国企改革的方向是产权制度改革

国有企业改革经历了党委领导下的党委负责制到经理负责制，再到企业承包经营，现在到通过股份制对国有企业进行改制的过程。以产权结构重组为核心，这是国有企业的改革思路。

我们为什么回顾这段历史呢？中国的经济体制改革经历了由计划经济到计划和市场都是调节经济的手段，再到建立社会主义市场经济体制，这也是在经济体制改革成长中苦苦探索和追求的一个过程。

那么，随着这个过程的推进，国有企业作为国民经济的细胞，它改革的成功与否关系到整个国家宏观经济的活力、宏观经济的走向、宏观经济的效率和效益。所以，党和政府把企业改革作为整个经济体制改革的一个核心或者是一个重要的环节提出来。

现代企业制度的一个重要前提就是，产权必须清晰。产权不清晰，现代企业制度是建立不起来的。集团公司几易其名，国有产权一股独大没有变，企业的机制、体制没有变。现代企业制度从形式上都建立起来了，有董事会、监事会、经营层，可是监事会，董事会、经营层都是政府任命的。所以，它并没有按照现代企业制度这种体制进行运行，它本身具有的活力是很不够的。

谁早一天改革，谁就早一天受益，职工就早一天富裕起来。调整所有制结构要和转换经营机制同步进行，按照市场经济的要求，建立和完善企业的激励机制、约束机制、用人机制和分配机制。

一、重组改制的指导思想是，要真正做到：第一，投资主体到位，第二，产权结构多元化，第三，建立现代企业制度

1. 投资主体到位

这是相对于过去的投资主体不到位来讲的。我们国有企业的国有资产，谁是最终的负责人呢？是全国人民代表大会，它是行使国家立法的最高权力机关。那么全国人民代表大会管不了庞大的国有资产，就授权给国务院去管，国务院也管不了那么庞大的国有资产，又分给下属的工业部和经济部门来分管，还是管不过来，又把国有资产分成中央管的和地方管的，地方各级政府也有若干的经济管理部门。所以，条有条的国有资产，块有块的国有资产，按照我们经济学家的观点，这叫“变压器理论”——国有资产跟变压器一样，对国有资产的关心度是一层一层递减的趋势，而不是增加的趋势。到了真正管国有资产这个人的时候，国有资产又不是他个人的，他怎么能关心呢？因此，虽然说国有资产是全民的，实际上是谁也不关心的。

要搞好国有企业，从法律上来讲没有更多科学理论的支持。我们这次指导思想明确，真正做到投资主体到位，谁对这块国有资产负责任就要找到最终的负责人，我们在重组企业之后，派出

了国有资产的董事会、监事会、经营层，最终要对国有资产负责任。

2. 产权结构多元化

多元化是什么意思呢？就是要改变原来国有股一股独大的局面，坚决从思维方式上解决“国有股必须控股”的观念问题。我们重组企业的目的是什么？重组是让整个企业的各种资源或者说企业的各种要素更好地合理地组织起来，让它 1 + 1 大于 2，大于 3。一句话，让生产力的各种要素能够充分发挥作用，生产力的各种要素能够涌流出来，创造更多的社会财富。这就是我们的目的。既然这个目的是唯一的，控股的目的是什么呢？

所以，控股和不控股没有什么更多争论的问题，只要你的目的是一致的，控股不控股没有什么原则的分歧。应该说，谁有能力来运行经营这个国有资产，就应该把这个国有资产交给谁。所以，从这个角度上来讲，我们强调产权结构多元化，也下定决心改变国有企业必须控股这个思维方式。我想这也是一个很痛苦的过程。

3. 建立现代企业制度

现代企业制度的核心问题就是所有权和经营权分开。这个话说起来很容易，但是做起来非常艰难。所有权和经营权分离不是我们创造的，是西方 300 年现代企业发展的结果，是 300 多年资本主义生产关系发展的结果。拥有所有权的人不一定有能力经营资产，不一定有能力经营这个企业。西方 300 年文明社会的发展，工业社会的发展，资本主义生产关系的发展，由于起初没有意识到这一点而经历了很大的挫折。美国铁路是第一个把所有权和经营权分开的企业，开始时铁路管理很混乱，不断出现安全事故，这让所有者认识到，拥有资产不一定能经营好资产。最后，他们将所有权和经营权分开，董事会决定聘请企业家或者经理人队伍来管理铁路。逐步地，在西方工业社会中，所有权和经营权分开的经验得到推广。

我们现在建立现代企业制度，非常重要的是要解决所有者有没有能力经营企业的问题，要解决所有者怎么经营这些资产的问题。所以，现代企业制度的一个核心是要把所有权和经营权分开，要让有能力的人来经营企业。

二、产权结构重组推行的力度在强化，要有改革的紧迫感和危机感。如果改革力度不大，国有企业老的体制和机制就很难扭转过来

首先，要解放思想、更新观念，实现思维方式的现代化。改革要有力度，首要是领导干部思想上有没有准儿。我们要尊重历史，大家是从计划经济体制和国有企业的体制里面走过来的，自己亲手建立的这种体制、这种禁锢要被自己亲手打破，确实是非常痛苦的一个过程。领导干部有很多时候懵懵懂懂忙于业务，思想水平、思维方式很不适应市场经济发展的要求。所以，要加大改革力度首先要解决观念问题。

其次，企业要改革，需要一个好的设计方案。思路很清楚了，怎样变成一个可行的方案，这个很重要。改革要成功，有几方面因素：一是外部要有巨大的压力。不改革企业就是死路一条，因为你已经不适应市场了，这就是达尔文进化论里讲的“适者生存”。二是企业发展长期徘徊，员工对自身的这种发展状况非常不满意。三是要有一个好的改革方案，要有一个整体的思路，不可以随便乱改。

最后，要扫清这种障碍，它重要的突破口在哪里？抓到哪一个点上，能够推动企业整体改革的发展？我们就以产权结构重组来推动我们企业整体改革的发展。时间和空间给国有企业这种生存的环境已经不多了，如果我们再不能抓住这种机遇推进产权结构的重组，可能到了三年、五年后，国有企业的生存环境就会越来越困难。

三、要下决心做好投资主体的选择，把好的理念、好的体制、好的机制带进来，同时在重组改制过程中照顾到各个方面的利益，特别是要照顾到弱势群体的利益

凡是跟我们重组的企业，原则上不选择国有企业，因为国有企业跟我们是同类的，思维方式、行为方式、运行体制和机制，没有什么变化，双方没有优势，重组的结果会 1 + 1 小于 2。从生物遗传的角度上来讲，近亲繁殖不会有什么好结果。通过重组把好的理念、好的体制、好的机制带进来，和国有企业这种长期经验的积累、长期资本的积累、长期人才积累的好的资源配合起来，

进行嫁接，所谓各取优势，这样的企业将来生命力会更强。

既然要发挥民营企业的优势，或者外资企业的优势，国有企业如果控股了，行为方式会严重干扰企业的生产经营。这当然不是说有意识地干扰，而是因为我们生长在国有企业里面几十年了，大家想的、做的都是这一套，摆脱不了。哲学家们讲，人生最大的困难就是战胜自己。要战胜自己的思维方式和行为方式，很困难也很痛苦。

改革要考虑到多数人接受的程度。假如说多数人都接受了，改革很容易推动。改革要照顾多数人利益，对多数人都有利容易改。毛泽东同志讲过，革命战争也好，建立新的政权也好，都要考虑到人民的利益，群众的利益。多数群众接受了理解了就顺利，如果多数群众不理解，多数群众认为对他没有利益，这件事情肯定做不成。要么犯“左”的错误，要么犯右的错误。

在推进改革过程中，我们要特别考虑多数群众的思想观念接受的程度，考虑多数群众的切身利益。每一项改革方案的出台，都要经过职工代表大会讨论，并交给广大的群众去讨论。改革要让职工能够安心在企业工作。原来应该享受的国家政策，改制后的新企业都要兑现，国家规定的福利待遇不能随便不给，合同上要有明确的界定。所有待岗的员工在合同没有到期的时候，不能随便解雇，解雇要有合法的理由和依据。新公司发展的蓝图要确实给职工带来利益，收入水平要逐步提高，让职工在发展过程当中确实体会到改革的利益。

探索“捆绑重组”改制模式

什么叫“整体捆绑”重组？所谓“整体捆绑”重组，就是按企业的现状、所有的资源整体进行重组。不论它的存量资产是经营型资产还是非经营型资产，不论它的人员是退休人员还是在岗人员，都要整体按照现状建造新的公司，按照现状建立现代公司。

我跟外商谈判时，他一开始并不理解这个东西。说你这个是什么概念？我就给他解释，把上述条件跟他说了，他说那我们不吃亏吗？我说你没吃亏。他说你那么多退休职工给我，对我是负担。我说，你从资本主义生产角度上来解释才是负担，从我们社会主义生产关系和资源构成的角度解释，它就不是负担。老员工是企业的一个承上启下的链条当中的链接，已经退出了生产岗位，不可能再发挥生产力的作用，但还影响着企业。企业对他们的关心度，会影响在职职工的情绪和他们对企业生产的热情度。你对退休职工好，在岗职工就会安心工作。你对退休职工不好，在岗职工感觉到很危险，哪里还有积极性为企业工作。当然，我们不会让外商白白承担对退休职工的责任。在存量资产里面，按照国家的政策进行一次性拨付，但职工的自然减员不会一天一次的，而是按年度来减的。

所以，整体捆绑对企业整体的推进确实有好处，保持了企业的稳定，保持了企业的健康发展。不要分优质资产和非优质资产，优质人和劣质人。否则，你还没改呢，职工心里一大堆毛病就出来了。企业是一个整体，你把这部分资产装进改制企业里来，剩余那一部分很难发挥效益。再说，经营性资产和非经营性资产，优质资产和劣质资产这个概念都是在特定的时间和空间里面来讲的，避开了特定的时间和空间，劣质资产就可能转成优质资产，优质资产也可能变成劣质资产。关键是你把它放在什么范围里面研究。

国企改制应严格把握的六个原则

第一，明确改制的指导思想。

一是做到投资主体到位。针对国企存在的投资主体实际不到位的问题，我们在重组改制后，派出了代表国有资产的董事、监事和经营人员，作为国有股权代表，对国有资产承担责任，真正做到了国有资产投资主体到位。二是做到产权结构多元化。产权多元化就是要改变原来国有股一股独大的弊端，改制但不控股。三是做到建立现代企业制度。现代企业制度的核心是所有权和经营权分开。我们的企业改制后，建立了较为完善的法人治理结构。

第二，严格依法履行程序。

国企改制是对国有资产的重大处置，必须严格按照国家和北京市的有关规定，依法履行规定的程序。我们在坚持改制的重大事项集体讨论决定基础上，重点抓住关键环节。一是各单位的改制方案都必须经集体讨论，并提交职工代表大会进行讨论。二是合作方的选择关系到企业的长远发展，要选择经营状况良好、有较高知名度的国外企业、上市公司和民营企业。三是把握好资产评估，一般聘用与合作方共同认定的评估机构，在改制单位先行清产核资的基础上，对集团拟投入的资产严格按规定程序和标准进行评估。四是严格按照国家和地方的规定、政策办事，确保改制的顺利成功。

第三，坚持因地制宜、实事求是。

企业改制直接关系企业今后的生存发展。由于每个企业的存量资源状况不同、企业的积累不同，合作方追求的目标和想要达到的结果也不尽相同，必须坚持实事求是，根据企业的不同情况，制定和采取不同的方案。

第四，维护广大职工的切身利益。

国有企业改制不仅要调动投资者的积极性，更要调动广大职工的积极性。一是改制要取得职工的理解和支持，要考虑多数职工的思想观念接受程度；二是改制要保护好职工的切身利益；三是通过改制，为人才发挥作用创造良好的条件，形成人才涌流的氛围。有了这三点，改制才能成功，才能调动更多人的积极性。

第五，合理确定股比问题。

在股比问题上，我们强调不控股。改制的关键不在于控股不控股，既然要发挥民营企业的优势或外资企业的优势，我们如果控股了，长期养成的思维方式、行为方式就会有意无意地影响企业的发展，难以给企业带来新的机制。要从思维方式上解决“国有股必须控股”的观念问题。我们重组企业的目的是让整个企业的各种资源或要素更好地合理地组织起来，让生产力的各种要素能够充分地发挥作用，创造更多的社会财富。所以，只要目的是一致的，控股不控股没有什么原则上的分歧。从这个角度上来讲，我们强调产权结构多元化，下定决心改变国有企业必须控股这个思维方式，这也是观念上的一个突破。

第六，建立新的体制平台、机制平台。

重组改制以后，要为新企业建立一个好的体制平台、建立一个好的机制平台，为它们走向市场创造条件。这个体制平台、机制平台包括用人的体制、机制，包括分配的体制、机制。这两条在国有企业是难以真正打破的。企业改制后，经营者拥有充分的自主经营权，可以建立有效的、适应市场竞争需要的用人机制和分配机制。

国企产权制度改革的理论与实践意义

产权制度的改革是我们党对客观经济规律的认识和结果

解放思想、实事求是、改革和开放，归根结底都是为了解放生产力、发展生产力。改革本身不是目的，开放本身也不是目的，改革和开放作为我们的两个主要支点，目标都是解放生产力，发展生产力。

在计划经济那个年代里，对生产力的理解是一大二公，公有制的成分是越纯越好，但是这种理论和实践违背了我们社会主义初级阶段这样一个重要的现实。所以，生产关系脱离了中国生产力的现状，某种程度上来讲严重地阻碍了生产力的发展。

所以，改革开放以后从农村联产承包责任制到国有企业，国有企业从党委领导下的经理负责制到承包责任制，到经理负责制，再到现在董事会领导下的经理负责制，虽然这些理论在发展过程当中不完全是纯粹的科学，但是每一次认识的进步，都是我们党对经济规律的一种探索、一次进步。

产权制度的改革有利于促进企业生产力的发展和解放

国有企业作为国民经济的细胞，作为微观经济的重要组成部分，微观经济充满活力，宏观经济就会充满活力，因为宏观经济是由微观经济组成的。国有企业作为国民经济的重要组成部分，关系到国计民生，也关系到中国宏观经济的走向。国有企业改革的情况怎么样，应该说关系到国家宏观经济未来怎么样。目前，国有企业在整个国家的税收和国家的财政收入中还占绝大多数，所以，搞好国有企业的改革和重组，对解放生产力和发展生产力，起着至关重要的作用。

国有企业的产权制度不健全，这是阻碍国有企业改革的一个非常重要的方面。按照传统经济学的理论，国有企业的产权是国家所有，是全民所有。既然是国家所有和全民所有，国有资产就会按照条块分割层层向下划分。经济学家用“变压器理论”解释对国有资产的关心程度，它是递减的趋势。国有企业盈和亏，职工是找不到内在动力的，因为没有切身利益损失的问题。

怎么样使老的国有企业能够新生？我们认为归根结底要在产权制度的改革上有重大的突破。传统经济学还是现代经济学，一个非常重要的命题就是革命革到自己头上的时候最困难。辩证法讲内因是决定因素，外因是条件。没有外因的条件我们改革也改革不成功。鸡蛋没有外在的温度是变不成鸡的，石头有外在的温度也同样变不成鸡，这叫辩证统一。

产权制度的改革促进了国有资产管理制度的变革

通过努力探索，国有资产的管理能够解决三个难题。

其一，解决了出资人到位的问题，明确了国有资产管理人的责任。在传统的国有企业领域，国有资产是没有人负责任的。即使有，实际上也是负盈不负亏。改制以后，出资人到位，明确了国有资产管理的第一责任人，产权代表的责任、权利和义务明确了，对国有资产的关心程度非常高，跟过去是大不一样。

其二，解决了产权多元化问题，降低了国有资产的风险。重组改制以后，同等的股权承担同等的风险，企业大幅度地降低了银行担保造成的风险。

其三，解决了现代企业制度的问题。现代企业制度的核心是经营权和所有权分离。你有产权只表明资产是你的，你不一定有能力来经营。西方 300 年的文明，促进了资本主义生产力的发展，很重要的一条就是把所有权和经营权分离。一句话，让有能力经营这一块资产的人来经营，用市场的机制来选择经营者，使经营者队伍职业化、市场化，不是一张纸就能解决的，一张纸能解决职务问题，但一张纸解决不了能力问题。

通过这些努力，国有资产的管理对象由国有企业向国有资本转变，国有资产的管理内容由全面管理向依法行使所有权转变，国有资产的管理方式由行政管理向资本经营转变。马克思在传统经济学当中讲，资本有两大特性。什么特性呢？第一，资本是运动的。第二，资本是增值的。资本没有运动又没有增值，这个资本是没有用的，资本如果不能增值、不能带来利润就不能算是资本。只有在运动过程当中，能够增值又能够带来利润的才是资本。

所以，传统经济学的界定，到今天为止没有过时。资本在运动过程当中增值，能够带来利润，这是在经营资本，不是在管理资本。

关于国企产权制度改革的几个观点

国有企业产权制度改革是国有企业改革长期探索的结果，是国有企业改革的必然趋势。

产权制度改革的指导思想是三个做到：一是做到投资主体到位；二是做到产权结构多元化；三是做到建立现代企业制度。

产权制度改革原则上不搞国有企业的“近亲繁殖”。选择合作方的重点是经营状况好、有较高知名度的国外企业、上市公司和民营企业。

要从思维方式上解决“国有股必须控股”的观念问题。产权制度改革不拘泥于国有资本是否控股。产权制度改革的目的是让整个企业的各种资源或要素更好地合理地组织起来，让生产力的各种要素能够充分地发挥作用，创造更多的社会财富。

产权制度改革要维护职工的利益，平稳过渡。在维护好国家、企业和职工的利益的同时，特别要按照政策规定维护好职工的合法利益，保持企业和职工队伍的稳定。

产权制度改革的检验标准是促进生产力的解放和发展。要为改制企业创造一个良好的平台，促进企业健康、协调、可持续发展。

产权改革必须与管理体制机制改革同步

产权改革是我们必须坚持的一项基本方针。要紧紧抓住产权这个核心，进一步促进投资主体的多元化。但改制重组完成并不等于万事大吉。资本主义国家每天都有企业破产，这说明国企并不是一改就灵，改制不是万能的，要在改制的同时加强管理体制机制改革，真正实现改制重组的目的 。

已经改制的企业，要进一步完善法人治理结构，加强公司治理。依法建立健全董事会、监事会和经理层等法人治理结构，按照有关规定设立党组织、工会和职代会。严格议事、决策和执行程序，加大制约监督力度，增进现代企业的经济民主，关注股东、包括农民工在内的职工、业主、债权人、环境等相关者的利益，履行好企业的社会责任。

要下大力气把集团的机制改革落在实处。一是切实把分配机制的改革落在实处。要真正贯彻按劳分配，按贡献分配，真正把责任落到项目经理身上去。二是切实把用人机制的改革落在实处。要彻底打破用人上的地域观念，形成有效的市场人力资源引进方式，把选聘和竞聘很好地结合起来，加大市场对人力资源配置的比例。三是切实把监督机制的改革落在实处。要改变事后监督为事前和事中监督。完善监督体系，突出合约监督和财务监督。制定实施重大项目经济效益的过程监督和预警制度，坚决遏制住小干小亏、大干大亏的现象，规避重大风险的产生。

加强系统管理和项目管理，促进规模与效益的协调发展。系统管理和项目管理是永恒主题，是提高企业经济效益的主要依托。必须把系统管理和项目管理放在一个更加突出的位置，真正做到纵向到底，横向到边，努力适应集团改革调整的大局。

在系统管理方面，要按照市场经济的要求和集团改革发展的实际，完善系统设置，切实做到效益和风险有人抓，抓到实处，防止出现系统管理的“真空地带”。系统管理的职责要到位，层次要清楚，必须一层一层地明确责任。系统管理的标准要与国际前沿管理水平接轨，充分吸收国内外知名企业的管理制度和标准，大胆引进国外知名企业、成功企业的做法和经验。系统管理要延伸到每一个环节，延伸到每一个有经营的地方，而且各系统之间要相互协调。降低生产成本不是哪一个系统的责任，财务、生产、科技、人力资源和经营等系统必须通力合作，才能实现人力、材料、机械台班等成本指标的受控。

在强化项目管理方面，要严格按照管理的程序办事，充分发挥系统管理的作用，推动管理的规范化、制度化。项目部是一次性的经济组织，是动态的。不能搞成分公司。项目部要随项目的取得而设置，随项目的终结而解散。要彻底打破项目的固化设置，坚决取缔亏损的项目部。要严格实行项目经济责任制，改革项目的组织方式、管理方式和运行方式，大力推广项目预算制度、项目二次招标制度以及项目风险金制度，强调在施工前作出成本分析和预控方案。强化项目部的全方位效益意识和全员效益意识，重视每一个成本环节，使每一名员工、每一个作业者都能在“谁节约谁受奖，谁增效谁受益”的制度下自觉、持久地开展节约增效工作。要正视建筑业市场的联营、合作的现实，完善、提升相关管理制度和标准，加强风险防范。坚持“接受管理制度与开展项目合作同步”的原则，输出品牌的同时，输出管理制度和标准。无论是自营项目还是联合项目，都要无条件地接受系统管理，坚决改变“以包代管”“以挂代管”的粗放式管理模式，实施集约化的精品管理模式，使项目的经济效益始终处于受控之中。

正确看待改革中出现的问题

国有企业的改革，必须适应经济市场化不断发展的趋势，大力发展国有资本、集体资本和非公有资本等参股的混合所有制经济，实现投资主体多元化，使股份制成为公有制的主要实现形式。国有资本控不控股，应根据需要和不同情况而定。

改制重组与其他任何新生事物一样，发展和前进的道路不会一帆风顺，总会遇到这样那样的困难，总是在曲折中前进，这是事物发展的规律，也是辩证唯物主义的一个重要原理。因此，对改制的艰巨性和复杂性要有充分的估计和准备，高度重视每一个环节，积极应对由于不同企业文化、不同管理方式、不同利益主体而产生的冲突与挑战；同时，要善于从企业改革发展的全局和前景观察问题，坚定改革改制的信心。特别是在当前个别改制企业出现一些困难的情况下，更需要全面、冷静、客观地看待改革改制工作。不能因为暂时的挫折而看不到光明和前途，不能因为局部的不利而忽视总体的成绩，更不能因为个别现象而怀疑改革的方向。

企业的改制要结合企业的不同情况，因为企业经历不同，企业发展的过程不同，企业领导班子、企业的文化都有不同，因此改制要因地制宜，因企而异，不能搞“一刀切”。根据企业的需要和实力，制定改制企业的股权比例以及股东的数额。要发挥各方面的优势，搞好改制后产业结构和地域结构的调整，明确企业的战略定位。改制过程中不光要看到改制企业的经济实力，也要重视合作方领导班子的人员结构、领导能力、领导思路及领导人格。改制重组要特别维护好职工的合法权益。

推动科学发展贵在创新

创新是一个民族的灵魂。对于我们来说，目前最重要的是体制创新、机制创新，特别是用人机制、分配机制、企业内部管理创新。解放思想更新观念不是一年半载的问题。资本主义已有300多年的发展历史，它也在不断总结自己的经验。原来最早实行的是自由资本主义，政府不干预企业经营。经过1929年资本主义经济危机，产生了凯恩斯主义。从中得出一个结论，资本主义同样需要政府干预，一句话，市场经济也应有计划。

国际环境在不断地变化，企业面临的环境每天都在变。我们主观认识客观世界也有一个过程。毛主席曾经讲过，真理是主观的也是客观的。人们不断通过感性到理性，循环反复，以至无穷，才能不断地把握客观规律。我们搞企业经营也是一个不断认识的过程，也不是通过一两个事件就能认识了把握了企业运作的客观规律，没有那么简单，所以说，要逐步解放思想更新观念。

第一，创新思维方式。有没有一个创新的思维方式决定着一个人有没有创新能力，所以创新思维方式是前提，是基础。海尔集团成功的根本原因，在于企业的各级经营管理者具有一个善于创新的思维方式。从建工集团来看，要培养创新思维方式，最关键的是要突破经验主义束缚，打破几十年形成的思维定式，使认识问题、解决问题的思路能够从市场出发，从实际出发，从客观规律出发，不为已有的条条框框所困扰。

第二，创新经营理念。在我们深化产权结构、产业结构和市场结构调整的过程中，更加需要经营理念的创新。改制重组后需要一个什么样的经营机制，产业结构调整后需要一个什么样的商业运作模式，市场结构改变后需要一个什么样的管控模式，都需要一个新的经营理念作为支撑。

第三，创新管理体制机制。要以减少风险、提高效益为目标，突出效率为原则，改革完善集团的管控模式，使管理机构、管理人才、管理制度和管理手段能够有效覆盖集团的全部经营活动，促进集团战略目标的实现。按照国际化市场竞争的需要不断地改进和完善企业的领导体制，改善企业的组织结构，理顺企业之间和企业内部的各种关系；建立和完善灵活的用人机制，建立和完善科学的分配机制，更好地发挥优秀人才的作用，更好地调动各方面的积极性；认真研究和积极采用现代的科学的管理思想、管理方法，逐步形成具有特色的管理模式。通过不断的创新，更好地适应市场经济的需要。

国企改革改制要树立五个意识

搞好国有企业改革和改制，必须树立“五个意识”。

一是开放意识。第一个观点，要想把企业重组改制搞成功，就必须搭上民营企业的车，国有资产只有搭上民营企业好的体制机制的车，才能保值增值。否则靠我们自己管，难有根本变化。第二个观点，要开放引进人才。我们有很多管理人才集中在主业上，财务系统、经营系统等都比较缺乏人才。第三个观点，要开放地引进好的管理办法、管理思路。我们有的领导干部在进入改制企业后变化很大，这就是改革开放的结果。

二是效益意识。评价一个企业、一个项目、一件事情，关键要看它能不能给集团带来效益，没有效益的项目千万别干，不赚钱的事情最好别做。在规模与效益、投入与产出之间出现的不协调现象，足以说明企业的经济增长方式还没有彻底转变过来，还在粗放式的轨迹中循环往复。必须走质量效益型道路，牢固树立效益意识，以取得效益作为各项工作的出发点，以效益的多少和得失来衡量工作的成败与优劣，坚决遏制不产生效益的任何劳动。

三是全局意识。小团体意识在经营生产的各个环节都有不同的表现，内部拖欠表现得特别突出，该还的不还，该结的不结，没有信誉可言。常常是内部总包的扯皮，反而要外部单位来找领导进行协调，这种典型的“出口转内销”就是没有全局意识的重要表现。在一个企业里，既存在着不同的利益主体，又具有不可分割的整体利益和共同利益。如果不能站在企业的高度看问题，光打自己的“小九九”，集团的整体优势从何谈起，企业的共同利益谁来维护？充分认识只重视短期利益和局部利益对企业持续发展的严重危害，要切实树立起自觉想大局、自觉服从大局的科学发展意识。

四是风险意识。市场经济发展十几年了，我们的风险意识还很薄弱，反映在投标、担保、投资、贷款、履约、分包、联营等方方面面。要采取严厉措施，坚决遏制住风险的无限扩大。对每一件事，都要评估出风险点，超过了这个点坚决不能干，一个项目的盈亏点，就是它的风险点。投标要有风险控制点，否则宁愿不投；中标了，要确定目标控制放在什么点上。项目经理一定要履行风险经营，在项目施工前，必须交够一定的押金，或者拿房产作抵押。亏了，就要切实承担起责任；盈了，该分成的就要分成。在经营过程中风险每天都存在，要通过有效的管理来规避和减少风险，保证企业健康、稳定发展。

五是危机意识。只有时刻保持危机意识，才能在激烈的竞争中保持不竭的创新动力，永远立于不败之地。美国微软公司说自己只有 18 个月的生存期限，他们的危机意识由此可见一斑。“求稳”思想、“官商”思想和“小富即安”思想，直接影响着企业结构调整和区域市场结构调整的力度。要正确看待过去的业绩，充分认识企业面临的危机，树立不进则退、不进则败的忧患意识，使企业的领导和员工都能以一个理性的心态面对市场、参与改革。

培养科学的思维方式

树立科学的发展观，就必须有科学的思维方式。那么，什么是科学的思维方式呢？归纳起来，人类到目前能够确认为科学的、定义为科学的思维，比如说有系统的思维方式，我们要系统地考虑问题；有逻辑的思维方式，我们在大学有一门课叫形式逻辑；有辩证的思维方式，这是马克思主义哲学、马克思主义思想路线一个重要组成部分；有理论的思维方式，等等。

那么，我们平时思考问题要遵循哪一种思维方式？管理科学有一句至理名言，就是经营企业的成功，决定性的因素是领导人能不能用系统的、规范的、逻辑的思维来确认行为方式的正确性。

我们要讲系统的思维，我们要用系统的理论、系统的观念来武装我们。第二次世界大战接近尾声的时候，钱学森在美国发表了系统论，回国以后还大力推行过系统论。美国的第一颗原子弹就是采用系统理论来集成的。社会已经发展了几十年，系统的思维已经成为我们当今思维科学的一个重要组成部分。在考虑问题的时候，要用系统的观点来研究我们的经营，研究我们的财务，研究我们的生产，把每一个问题放在一个系统里面来分析、来研究，不能头痛医头，脚痛医脚。

我们要讲逻辑的思维，我们要用逻辑的思维来考虑问题。逻辑的思维有三段论，因为这样必然才那样，是推理推出来的，我们现在很多合同是拍脑袋拍出来的，经不起推敲，这也是很现实的一个问题。

我们要讲辩证的思维。陈云同志 1937 年在延安就讲过，学习哲学，终身受益。我们现在看问题，好就是好，没有看到好的里面还有一些问题；坏就是坏，没有看到坏的里面还有一些好的成分，这就是缺少辩证法。所以辩证法强调要用辩证的逻辑的思维来思考问题，既要看到好的一面，也要看到存在问题的一面，看到事物之间这种区别和联系，在处理问题时，才不至于犯错误。我们现在往往强调一个问题的重要，就掩盖了另一个问题，这就很麻烦了。马季先生有一个相声叫《五官争功》，眼睛强调眼睛的重要，鼻子强调鼻子的重要，耳朵强调耳朵的重要，嘴强调嘴的重要。从辩证法来讲，五官本来就那么和谐，缺一个都不协调。

所以，科学的思维方式，要强调用系统的思维，用逻辑的思维，用辩证的思维，用理论的思维，来研究解决我们企业生产经营中的问题，不要顾此失彼，强调了一个问题，忽视了另一个问题。

我们讲什么是科学的思维方式，那么科学思维方式有什么标准？科学思维应该有标准，概括起来讲，首先，应该有清晰的思路，就是表达的意思完整不完整，思路清楚不清楚；其次，思考问题是不是很完整，也就是思考问题的完整性；最后，思维的动态性，思考问题是不是动态的，不要把一个问题固化，任何一个方案都会有这样那样的缺点，我们只能选择优点比较多的方案，因此这个方案就应该是动态的，而不应该是固化的。我认为，科学的思维方式概括起来讲，应该有上述这三条标准。

所以，我们讲树立科学的发展观，必须有科学的思维方式。再说说刚才我们讲的人力资源的例子。我们对人力资源的管理已经经过了三个历史阶段：传统经济学把人看成是动物，泰罗制就是最典型的古典管理科学，用定量定性的办法来分析人的动作，完善人的动作，把人看成是经济动物；行为科学分析，人的需求有不同的层次，叫需求层次，马斯洛是行为科学的代表，需求层次论；现代管理科学，以人为本。不论我们用哪一种科学理论来分析人力资源，分析人这个在生产力中起决定性作用的因素，我们都应该遵循科学的依据，不能靠感觉，不能靠习惯来研究人。其实，这也是一门科学，是我们的思维科学，我们用行为科学也好，用现代管理科学也好，用古典管理科学也好，都是科学。马克思主义对生产力要素的认识和现代经济学管理科学发展的结果，应该说有共同点。我们应该去学习，去遵循，并用来武装我们，我们的思维才有科学性。

要努力突破发展瓶颈

大力推动以产权改革为核心的各项调整改革，努力建设具有国际竞争力的新型企业集团，进一步发展面临各种瓶颈的制约。各级领导干部和广大共产党员必须从企业生死存亡的高度认识瓶颈制约的严重性、突破瓶颈的紧迫性。

一是思想观念瓶颈。思想观念的更新转变跟不上市场变化和企业快速发展的新形势。集中表现在：责任意识、效益意识、机遇意识淡薄，危机感、紧迫感不强。创新意识薄弱，经验型思维还有很大惯性，对市场经济规律、现代管理思想、前沿性的商业模式研究不多、把握不准、运用不足，对转变经济发展方式的必要性、紧迫性认识不到位。集团调整改革后相关跟进迟缓。

二是体制机制瓶颈。目前，仍有少数企业需要通过改制重组实现体制变革。同时，需要完善相关机制。在用人机制方面，尽管有了一定的改善，但从企业范围来看，引入市场化的用人机制，任务还相当艰巨。激励机制、约束机制、监督机制难以落在实处，特别是亏损责任追究机制执行起来困难重重。相互割裂的经营机制不利于形成强劲的竞争力。

三是干部人才资源瓶颈。现在，缺少具有世界眼光和善于战略思维的领导干部，一些领导的知识结构和专业结构相对老化，缺少进入新环境、新领域、新产业所需要的新知识。人力资源供求现状，不适应集团经营规模扩大和产业结构调整、市场结构调整的需要。普通管理人员过多与关键岗位人才短缺形成结构性矛盾。需要懂技术会管理的复合型人才，需要通晓国际规则、熟悉国际惯例、善于合同谈判的商务、技术、管理类尖子人才，需要资本运作和融资人才等。

四是经营资金瓶颈。产业结构调整，企业经营规模扩大，施工主业效益偏低，海外工程大量资金保函的要求，加之国家实施紧缩的金融政策，加剧了企业各个层面的资金紧张。

五是管理瓶颈。改革不能代替管理。改革和管理要统筹兼顾。管理本身需要不断改革，实现管理创新。随着企业产权结构、产业结构和市场结构改革的全面推进，国有全资、单一施工产业的区域性企业正在向投资主体多元化、产业结构多元化的国际性集团转变。在这种新形势下，管理的对象、内容、范围等发生了根本变化，企业管理只有从管理理念到管理手段、管理方式方法全面调整，才能适应改革调整的需要，才能保障改革目标的实现。

国有企业改革发展的七点共识

一、必须认真贯彻落实党的路线、方针和政策

国有企业必须讲政治。这是由国有企业在国民经济中的支柱地位和党执政基础的性质所决定的。贯彻落实党关于国有经济发展的路线、方针和政策，就是讲政治的重要表现。在不同时期，党的方针政策会有不同的侧重点和具体内容，我们都要结合实际，积极贯彻落实。

二、必须坚持以解放思想为先导

思想决定思路，思路决定出路。有什么样的思想，就会有什么样的行动。解放思想应该从领导班子抓起，只有领导班子的思想解放了，才能带动职工群众的思想解放。在当前，首先要培养和树立领导干部的忧患意识。要克服满足于现状的思想，始终居安思危，保持清醒头脑，充分估计前进道路上种种可以预料和难以预料的困难和风险，进一步抓住和用好机遇，不断创造新的业绩。其次要培养和树立领导干部的责任意识。作为领导干部，必须明确自己的职责。要建立健全有关制度，强化对领导干部履职

情况的监督、检查和考核。要形成对失职干部的责任追究制度。最后要培养和树立领导干部的全局意识。深刻认识整体发展、统筹发展的重要性，坚决纠正从局部利益出发，严重损害集团整体利益的行为。强化对成员企业的协调力度和违规惩戒力度。

三、必须把企业的发展战略摆在重要位置

战略目标决定着一个企业的发展方向。科学的发展目标对凝聚人心、鼓舞士气、增强信心具有重要意义。只有走国际化的发展道路，企业才有出路，这是由国际国内经济发展的大趋势所决定的。我们要坚定不移地把“建设具有国际竞争力的新型企业集团”的战略目标推向前进，在科学研判发展趋势和宏观背景的基础上，充分估计企业的发展潜力，宁可压力大一点，任务重一点，只有这样动力才会大一点。

四、必须坚定不移地推动改革、开放、创新

改革开放是决定中国命运的关键抉择。创新是一个民族进步的灵魂，是一个国家兴旺发达的不竭动力。这对企业来说具有同样的道理。不管改革、开放，还是创新，目的只有一个，这就是建立科学的体制机制，最大限度地解放生产力、发展生产力。要创立有利于企业发展的“捆绑式”的重组改制模式，确定“双主业、多板块”的发展格局，推动组织结构调整，引进知名企业的管理模式和手段，从境外、社会上不断招聘企业急需的各类人才。

改革、开放和创新是没有止境的。要继续改革和完善集团的产权结构、产业结构、市场结构和组织结构。不断创新体制机制，使之更加适应生产力的发展。在企业发生深刻变化的新形势下，要加强和改进企业党建工作。不断探索基层党组织发挥作用的途径和形式，努力适应现代企业制度的需要。

五、必须不断加强和完善企业管理

管理是企业的永恒主题。管理本身需要改革。管理要与调整并举。管理还要与服务、引导、监督并行。管理的重点在于预防。如果管理滞后，就会出现“亡羊补牢”的现象，最终会影响到改革调整目的实现。

我们还要看到，随着集团产权结构、产业结构和市场结构改革的全面推进，管理的对象、内容、范围等发生了根本变化，企业管理只有从管理理念到管理手段、管理方式方法全面调整，才能适应改革调整的需要，才能保障改革目标的实现。要填补管理“真空”问题，重视执行力弱化问题。要加强母子公司管控，尽快确定和实施有效的差异化管理模式。调整企业资源配置方向和方式，调整企业的组织架构，使管理机构、管理人员和管理手段能够覆盖和延伸到企业的所有产业、所有地域、所有经营活动。继续深化工程项目管理，积极推动管理信息化。

六、必须坚持不懈地抓好领导班子建设

领导班子是企业的核心竞争力，领导班子的强弱，直接决定着企业的兴衰成败。抓好领导班子建设是企业的头等大事。基于这种认识，我们通过学习、培训、实践、交流等多种方式和途径，不断提高各级领导干部的素质和能力。积极推动干部的年轻化、知识化，提高市场配置干部的比例，推动开放的用人制度，引进了一批为我所用的干部。我们大力倡导建设团结、和谐的领导班子，教育领导干部相互体谅、相互尊重，培养宽广的胸怀，提高团结共事、和谐共事的能力。

新的形势和新的格局对我们的领导班子提出了更高的要求。我们要按照现代企业制度的要求，建立一个职责清晰、权限明确、决策科学、执行有力的领导体系。国际化的发展趋势，要求我们的领导干部必须树立全球视野、世界眼光和国际思维。我们不但要保持身体健康，还要注意心理健康和人格健康。要坚持不懈地开展党风廉政建设，严格执行纪律和制度，真正保护好我们的干部，使我们的广大干部能够健康成长、健康发展。我们要增强学习的紧迫感和自觉性。学习科学发展观，学习做好工作所需要的一切新知识，坚持求真务实，提高对市场规律和企业发展规律的认识，增强工作的原则性、系统性、预见性、创造性，提高科学发展、驾驭企业的能力，为实现集团的战略目标提供坚强的组织保障。

七、必须高度重视人才队伍建设

人才是第一资源，人才是第一生产力，这是众所周知的道理。企业要形成好的体制机制，发挥人的能动性，调动人的积极性，激发人的创造性。对待人才，不能求全责备。要用其所长，避其所短。各级党组织，要善于与人才沟通，了解他们对职业发展的设想、对生活情趣的爱好追求，真正在事业上帮助他们，在生活上关心他们。

企业管理方法论

第二章 国企经营管理

METHODOLOGY OF ENTERPRISE MANAGEMENT

抓好企业总部机关工作

总部机关是企业的统帅部，企业的兴衰存亡取决于机关工作的水平。

一是进一步解放思想，更新观念。要以是否有利于企业的发展，是否有利于增强企业的整体实力，是否有利于改善和提高职工的生活水平来衡量干部的思想观念，这也是使用干部、考核干部的标准。

二是要认真研究和转换经营机制，主动走向市场。一个好的机制可以促进企业更好地发展。要发动全体干部职工提建议，群策群力，努力使经营机制更加适应市场，总部机关各个部门要当好参谋，特别是相关部门应主动拿出有建设性的意见来，推动经营机制的转换。

三是要强化管理，树立领导机关的权威。管理是企业永恒的主题，总部机关，特别是带有管理职能的事业部不能丧失管理职能，不能放弃领导权力。已有的制度要严格按制度办，执行制度要纵向到底横向到边，形成的决议在执行中决不可动摇。树立权威，机关要首先做表率；树立权威，干部要主动走下去，帮助基层解决困难。

四是认真完善制度，依法治企。“没有规矩，不成方圆”。我们要在制度的完善和规范基础上狠抓落实，各部门各司其职，各负其责，要让企业经营在有序受控下健康发展。

明确企业经营发展的总思路

一个企业只有从理论上思考问题，企业才能有希望。没有理论思考的企业只能头痛医头，脚痛医脚，考虑问题是零碎的，没有系统的。在千头万绪的工作中，一定要抓住主要矛盾。

积极推进股份制改革，建立现代企业制度。这是住总今后一个时期改革的方向。按照“产权清晰，权贵明确，政企分开，管理科学”的要求，加快公司制改革，并使其规范化。采用多种形式放活小企业，加快对所属小企业股份合作制改革的步伐。

逐步界定集团公司和二级公司、事业部之间的关系，明确各自的责任。未来的集团公司是资本运营中心，二级公司应该是国有资产管理中心，项目部应该是成本制造中心。凡属于二级公司的权限，决不能下移。资产配置权、生产力配置权应该在二级公司手里。

从整体上考虑产业结构调整和组织机构调整，建立一个富有生命力的企业。所谓富有生命力即应该具有敏感性、适应性和持续性。企业适应市场环境，是“适者生存”生物进化规律的内在要求。对没有效益的企业一定要关停并转，这是我们未来结构调整的一个重要内容。

建立精干、严密、高效的企业管理系统。企业的每个管理系统能不能有效地运作，关系到企业的发展。如果每一个企业都有系统管理，每个系统都管理有效，那么我们的企业就有生命力了。

建立完善科学的管理制度，尽量减少“人治”因素。这是我们企业的基础工作。管理是企业永恒的主题。没有管理，一个现代化企业也会成为一盘散沙，所以说管理也是生产力，而且是非常大的生产力。要充分认识管理的重要性，建立完善管理制度的重要性。在管理这个问题上我们决不能掉以轻心，如果我们在这个问题上不下功夫，急功近利，企业就要终身遗憾。

项目管理是建筑施工企业的必由之路

要从事关建筑施工企业生死存亡的战略高度，充分认识推行两层分离、规范项目管理的重要性。首先，项目经理部是企业参与市场竞争的主体，没有一流的项目经理部，企业就不能在市场竞争中赢得优势。其次，项目经理部是企业的细胞，细胞活了，企业的市场竞争力就强了。再次，项目经理部是企业利润的创造者，企业依赖项目生存，依赖项目经理部发展。最后，项目经理部是企业产品制造中心、成本制造中心，企业通过项目经理部向业主提供最佳的产品和最佳的服务。

实行两层分离和规范项目管理，必须建立企业内部市场。人才劳务、材料供应、设备租赁、资金、行政生活后勤五大市场建立不起来，项目管理就不能到位、就不可能规范。内部市场形不成，该用的人找不到，多余的人退不了，项目经理部就活不起来。

实行两层分离和规范项目管理，必须完善系统化管理。系统是条，项目是块，条和块要有机结合，纵向要到底，横向要交圈。各业务系统都要有一整套管理办法和规章制度。要定期分析本系统工作现状，找出存在的问题，及时改进自己的工作。没有系统化管理作为保障，项目管理也是规范不了的。

实行两层分离和规范项目管理，必须坚决落实项目部经理的责、权、利。对项目经理部，该放的权一定要放，没权就没责，有责就得有权。特别是项目部的分配权一定要放到项目上。要按照“谁干活谁算账，谁算账谁要钱，谁要钱谁花钱”的原则，不断完善项目经理部的分配制度，让那些对企业贡献大的人先富起来。

特别强调，要在企业内部逐步推行项目经理职业化制度，鼓励他们以项目经理作为终身职业，上级单位和部门不要轻易调动他们的工作。同时，培养一大批合格的项目经理人才，努力建设一支优秀的项目经理队伍，努力建设一支优秀的项目管理队伍，努力建设若干个优秀的项目管理班子，如是，企业的发展和腾飞就不再是空话了。

重视和加强投招标工作

建筑市场越来越规范，投招标几乎已经成为建筑施工企业承揽施工任务的唯一途径。从某种意义上说，重视和加强投招标工作事关企业生存与发展。因此，必须下力气研究市场，把握建筑市场的规律和特点。

加强企业公共关系工作，树立企业良好形象，对于开展投招标工作十分重要。良好的企业形象靠企业全体职工共同树立。在投招标过程中，严禁互相拆台、互相揭短，这要作为一条纪律。

主要负责人要以主要精力抓投招标工作。加强领导，上下结合，广泛发动，形成一支以政治、业务素质高，公关能力强的专职投招标班子为骨干，职工群众广泛参与的投招标队伍，全力以赴抓任务。要把指标分解、落实到责任人。集团拟出台关于加强投招标工作的意见，并进一步修订投招标奖励办法，用好政策，完善措施，提高广大职工参与工程任务投招标的积极性。积极主动地与政府有关部门、有实力的大中型企业、新兴的“三高”（高起点、高科技、高效益）企业以及外资企业，建立广泛的联系，广交朋友，收集信息，扩大联合。要本着互利互惠的原则，充分利用和发挥社会中介组织的作用，快捷地获取工程任务。

提高企业总部机关的管理水平

集团机关是企业的统帅部，机关部门是给领导出主意当参谋的。

解放思想、更新观念是关键。我们的思维、理念、机构设置、办公方式方法，都要随着市场经济的变化而变化。机关的一切工作，都要有利于发展企业的生产力，有利于提高企业的市场竞争力，有利于提高职工群众的综合生活质量水平，绝不能坐以待毙，墨守成规。

加强业务研究和建设是基础。机关各业务系统要瞄准国内同行业中最先进的企业，向他们学习，向他们看齐。系统管理要纵向到底，政令畅通；部门之间要横向到边，强调协作。不能“对自己有利的就干，对自己不利的就不干”，业务有交叉时，谁先得到信息，谁先办，事后再协调，绝不能扯皮、误事。

提高机关工作人员管理素质是当务之急。要用现代企业的人才标准衡量现有的机关工作人员。机关工作人员必须增强学习现代知识的自觉意识，要有危机感和紧迫感。具体的学习方法有很多，譬如自学，向社会学，向实践学。岗位交流也是一种学习。机关工作人员要努力适应现代企业的要求，才能跟上企业前进的步伐。

牢固树立为基层服务的意识。机关要主动为基层服务，提高工作效率，不能自己围着自己转，规章制度要适用于企业经营生产实际。

从经验管理到科学管理

做企业管理工作，经验是很重要的，但光靠经验是不行的。有一位作家讲过，世界上没有两片树叶是相同的。树叶都各不相同，更何况每一位干部职工都有着自己不同的思想、不同的观点。我们所做的每件不同的工作，也都有不同的特点，不同的矛盾。仅凭经验来解决不同的矛盾，靠得住吗？靠不住。所以，我们要尽快实现从经验管理到科学管理的转变。

阿信的儿子、日本八佰伴公司董事长认为，八佰伴过去的成功直接导致了最后的倒闭。这话有深刻的道理。因为成功了，积累了一套成功的经验，一切按经验办事渐渐成为习惯了，忽视了事物是在不断发展变化的，最终这套成功的经验没能保住八佰伴永远立于不败之地。八佰伴的倒闭给众多管理者很多启示，对我们而言，怎样从经验管理向科学管理转变，是一个亟须解决的问题。

譬如讲成本管理，怎样才能降下来呢？工程质量是建筑施工企业的生命线，必须摆在第一位。但是，做企业还得讲效益。怎样在保证质量的前提下降低成本？唯一的途径只能是实行科学管理。泰罗制把搬运工人的每一个动作都分解得清清楚楚。我们在没有完全从传统的工业社会中走出来的情况下，就一步迈进了现代化，需要补的课很多。有一条理论，二流的技术有一流的管理，可以成长为一流的技术，但是，一流的技术有二流的管理，一流的技术也可能蜕化为二流的技术。没有一整套现代科学管理的思想和理念，拽着自己的头发要上天，不是说空话吗?

发挥企业的整体优势

发挥企业的整体优势，这个问题我们一直在强调，但是做起来很困难。过去讲大河有水小河满，那么小河有水了大河也才能满，这是辩证关系。

强调全局观点，首先要求企业自身站在全局做强做大，加快资本的原始积累，为各个子公司的发展提供必要的支持。对于一个集团而言，所有的成员单位都应该站在整体的角度来考虑和处理全局与局部的关系，不能搞实用主义，对我有益的我就强调，对我不利的我就忽略。这种现象和观点，我们是坚决反对的，也是坚决不能容忍的，因为它损害了全局的利益。

我们举一个简单的例子，相当一部分单位都拿自己的土地搞开发，但是我们的经验和教训是：开发是需要人才、需要资本的，是资本密集型的行业，因为不具备这样的条件，有的单位合同 签订了 6 年，甚至 8 年还开不了工，造成了相当严重的后果。我们要总结经验，总结教训，强调全局观点。

强调全局观点，要打团体赛。集团公司是一个整体，特别是在招标投标过程中，所有的资源都要合理地使用。在招投标过程中、在对外树立形象过程中，我们也要强调企业的整体利益、整体形象，合理充分地运用企业的整体资源。我们反对和杜绝招投标过程中相互拆台、互挖墙脚。要处理好总包和分包的关系。特别是总包单位，对于专业公司要给予支持，这才能体现出企业的整体优势、整体利益。要打团体赛，大量的分包工程外流就会削弱集团的整体利益，专业公司也要提高专业水平，降低成本，积极支持总包单位。

推动企业科技质量进步

建筑作为人类生存与发展的基本需求之一，伴随人类的诞生而出现。建筑技术作为人类文明的重要组成部分，随着人类历史的前进而发展。当信息化时代来临，网壳结构、开合结构等新兴结构相继涌现；碳纤维、纳米材料等新型建材得到推广应用；建筑施工引入了盾构，自动化程度大幅度提高。

面对21世纪全球科学技术迅猛发展的客观形势，我们应当与时俱进，乘势而上。

第一，要充分认识科学技术对企业生存与发展的极端重要性。

科学技术是生产力发展的重要动力，是人类社会进步的重要标志。马克思把科学首先看成是历史的有力的杠杆，看成是最高意义上的革命力量。邓小平同志说，“科学技术是第一生产力”。纵观人类文明的发展史，科学技术的每一次重大突破，都会引起生产力的深刻变革和人类社会的巨大进步。20世纪以来，特别是第二次世界大战以后，以电子信息、生物技术和新材料为支柱的一系列高新技术取得重大突破和飞速发展，极大地改变了世界的面貌和人类的生活。

生产力的发展促进了企业的产生，也不断地推动着企业的发展。国际上众多知名企业之所以能够在全球市场上所向披靡，长久不衰，一个很重要的方面就是拥有先进的科学技术。现代国际间企业的竞争已经表现为企业技术质量的竞争，在中国加入世贸组织、国内市场向全球开放的今天，我们面临着巨大的挑战。

第二，倡导经验与科学、传统与创新的有机统一。

目前，科技进步在建筑企业经济增长中占比较低，据有关部门 2001 年统计，我国大约在 25%~30%，而发达国家则高达 70% 以上。差距悬殊啊！推动科技质量进步是解决这个老大难问题的重要途径，要在工程建设中大力推广运用企业自身、国家以及国外的新技术、新工艺，不断提高工程建设的科技含量，不断增加科技效益。要优先选择有技术含量节约措施的经济性施工组织设计方案，推行新工艺，降低消耗。

推动企业科技质量进步要注重传统与创新的结合、经验与科学的结合。唯物辩证法认为，事物的发展遵循“辩证之否定”的规律。辩证之否定是扬弃。扬弃是克服与保留、变革与继承的辩证统一。我们在大力倡导科技创新的形势下，一方面要积极开展科技攻关，汲取当代前沿建筑科技，另一方面要继承和发展仍具生命力的优秀成果，同时强调科学管理时不排斥有益的经验。

第三，强化系统管理，提高科技质量的综合效益。

建立健全现代科技质量管理系统。重点在理顺管理程序、健全管理制度、促进管理到位上下功夫。要根据新体制的管理职责划分，明确科技质量系统的职责范围和管理程序。系统内各部门各层次的工作要有目标，有标准，权利责任清楚，考核办法具体，奖惩措施得力，使科技质量管理系统在与现代企业管理要求相适应的层次上就位，成为一个渠道顺畅、协调有力、成效突出的管理系统。

发挥企业整体优势，提高企业科技质量水平。要按照有利于技术创新和科技成果转化为现实生产力的目标，坚持科技一盘棋的原则，通过集团科委会的调控和企业内部市场的配置等手段，打破建研院与企业之间、各企业之间的界限，充分发挥各自的优势，搞好分工和协作，形成合力。要巩固建研院的基础和中心地位，发挥各企业的科技开发系统的主体作用，加强与社会科研机构和高校的紧密合作。

树立总工程师、科技质量部门的权威。凡是企业重大科技开发、技术成果引进、技术项目的投资以及有关质量问题，都要虚心听取以总工程师为首的科技质量部门的论证，尊重总工程师的否决权；要大力支持科技质量系统的工作。只要有利于企业科技质量的进步，各级领导和各个部门都要从人力、财力、物力上予以支持。各级领导干部要当好科技质量进步的“后勤部长”。

第四，着力营造尊重知识、尊重人才、尊重创造的良好氛围。

推动企业科技质量进步的关键在于人才。我们面临着人才资源稀缺和人才资源流失双重压力。这个问题解决不好，将严重制约集团的良性发展。要用现代思维方式解决人才问题，把改革企业的用人机制和分配机制作为解决这一问题的突破口：一是进一步深化工资改革，充分考虑科技人员的特殊性；二是将技术作为一种生产要素参与分配，通过用人机制和分配机制的改革，在企业营造一种尊重人才、尊重知识、尊重创造、尊重劳动的良好氛围，让一切有利于企业发展的活力竞相迸发，让一切创造财富的源泉充分涌流。

创新监督机制确保国有资产保值增值

作为一个综合监督管理部门，纪检审计部门主要职能有三项：纪检监察、国资监管和内部审计。之所以整合监督资源，构建大监督格局，目的很明确，就是要加强对国有资产的监管，防止违规、违纪、违法问题发生；就是要提升总部机关部门职能，与建设具有国际竞争的新型企业集团相适应、相匹配；就是为了强化企业约束机制，努力做到国有资产不流失；领导干部不失足；群众利益不受损。

在企业内部构建大监督体系的必要性和重要性

《企业国有资产监督管理暂行条例》首次提出把国有企业管理的目标锁定到对国有资产的监管上，作为授权经营国有资产的企业集团，也应当把企业管理的目标确定为对国有资产的监管上，并在集团内部建立一个科学、系统的国有资产监管体系。

从各机构分工看，企业内部审计的监督职责是对财务收支、经济活动的真实性、合法性和效益性的行为进行监督；纪检、监察部门是对企业内部人员违规行为进行调查并向领导管理层汇报；国有资产监管监事小组或财务稽查小组是以财务监督为核心，并对企业负责人的经营决策和经营管理行为进行监督。虽然各个机构都在努力工作，并且为企业的监督工作做出了很多贡献，但“单打一”的体制势必造成工作上存在交叉重合，互相联系配合不够，未能发挥出整体效能。因此，建立大监督体系是非常必要的。

国务院首次提出把国有企业管理的目标锁定到对国有资产的监管上，这意味着企业的中心工作更加清晰，重点更加突出。这就要求企业的监督工作必须统一步调，集中力量，形成一个拳头，而不是各机构各自为战。从过去各机构的分工看，有管人的，也有管事的，有管决策的，也有管具体经营活动和财务收支的。实施大监督体系可以把管人和管事联系起来，结合事情的脉络和人的思想动机具体分析和判断问题。可以把一项经济活动中的决策、实施、结果等各个环节联系起来，进行全过程的监督和管理，有利于对事物的整体把握，也有利于及时纠偏。

企业发展中，存在着一些内在的“致命伤”。有些企业后方改革明显滞后，抵销了前方创造的效益；法律意识淡漠，对外担保存在着很大的风险，依法维护企业合法权益的能力不强；对外拆借大额资金问题突出，资金回收风险非常大；靠挂工程“以包代管”，没有监督约束的具体措施，给企业造成无穷后患；有些企业内部管理漏洞百出，基层两本账的情况依然存在；投资大部分效益低下，与被投资企业之间的经济往来不清；片面追求产值和规模，不顾经济效益，不根据实际情况垫资或承诺甲方条件；“小金库”问题仍然存在。如果这些问题处理不好，不加大监督力度，势必影响企业的进一步发展。

构建大监督体系，是建设具有国际竞争力企业集团的需要，是体制创新的需要。构建大监督体系可以改变过去各机构存在的不同弊端，这样就从体制和机制上避免了可能出现的思想不统一，步调不一致等妨碍监督的问题，而且可以增强监督工作的独立性、警戒效力，提高监督工作在企业整个经济工作中的权威性。

建立全过程的、互动的、动态的监督体系

首要的是建立年度考核与任期考核相结合、结果考核与过程评价相统一、业绩考核与奖惩紧密挂钩的考核制度。

按照依法考核、分类考核和约束与激励机制相结合的原则，以业绩合同的方式考核年度国有资产经营业绩，以资产经营责任制的方式考核任期国有资产经营业绩，把国有资产经营的近期目标与中长期目标统一起来，从而提高国有资产的竞争效率。为全面评价国有资产经营的能力和盈利水平，在年度考核和任期考核的基础上，要从出资人的角度设立一套资产经营的总体评价监控指标体系。这套体系可以把结果考核和过程评价统一起来，有利于实现企业对资产经营的总体评价和动态监控。在考核内容上主要是两项：一项是经济效益指标，比如利润、净资产收益率；另一项是资产运营目标，比如资产保值增值率。除了年终考核以外，在日常运营中，国资委推行的企业效绩评价有一套指标，对经营者进行考核。

考核一定要结合实际，分类考核，宽严适度，奖惩挂钩，只要认真努力，绝大多数的企业都可以实现它的目标，得到应有的报酬和奖金。但是，如果做不到甚至不努力造成流失，就要惩罚。业绩考核一定要与奖惩结合起来，完成资产保值增值任务的要给予奖励，完不成任务的只能拿基本工资，连续几年完不成任务的人员必须调整。

在监督过程中，重点放在事前教育、事中过程监控，真正形成互动的、动态的监督体系。

下一步的国资监管，要将预警工作前移，从源头抓起，防止带病工作，减小经营风险，保证各项经济工作健康进行，不要等待秋后算账，“死后验尸”。纪检审计部门在做好事前教育的前提下，坚持以监事小组、财务稽查小组或审计小组的身份，查阅基础资料、财务资料，参与进驻单位重大活动，深入基层单位和工程项目。特别是要关注进驻单位往来中大额、账龄长、风险大的事项，对进驻单位的资产、所有者权益和损益的真实性、合法性、效益性，以及企业领导人员个人履行经济责任、遵守财经纪律和廉洁自律情况进行监督、评价和鉴证。

建立科学严格的国有资产经营责任制度，有效监控国有资产

科学严格的国有资产经营责任制度，包括国有资产业绩考核体系、国有资产统计评价体系、公平合理的奖惩体系；规范和深化集团公司董事会委派董事、监事等试点工作；加快集团公司经济布

局和结构的战略性调整，推动集团兼并、联合、重组，改善资产质量；进一步强化集团公司董事会委派专职监事小组制度，研究制定对所出资企业重大事项的管理办法；建立集团公司国有资本经营预算制度及集团公司董事会对经营者的问责制度。

整合后的监督资源，重点是做好对集团公司所属全资企业和事业部的监督工作，以及控股、参股的有限责任公司和股份有限公司以及中外合作、合资企业委派监事的管理工作，不断加大监督力度。

一是把宏观监管与微观监管结合起来，把检查企业实行有关法律、法规和规章制度的情况与企业经营效益、国有资产保值增值及财务情况结合起来。

二是监督企业经营团队及主要经营者的情况，对其经营效益和业绩进行评价，提出奖惩、任免建议。

三是依照有关规定列席进驻企业董事会、党委常委会和经理办公会，对企业的三重一大的执行情况、违规违纪问题等及时以书面形式向集团公司领导汇报。

四是国有出资人代表监事要依法履行职权，才能防止国有资产在控股、参股的有限责任公司和股份有限公司以及中外合作、合资企业中流失，保证投资回报率。

五是依据法律法规和党规党纪对违规违纪的人和事，本着惩前毖后，治病救人的方针，秉公处理。真正实现把管人、管事与管资产有机地结合起来，确保国有资产的安全。

抓住企业经营这个龙头

经营工作说到底是一个战略问题，关系到企业的生死存亡。施工企业只有拿到任务，才能有饭吃，才能说怎么去干。市场竞争激烈，投标单位多则几十家、少则十几家，激烈程度可以想象，集团这几年深有体会。但目前我们的竞争力还不够强，从编标的水平到投标的技术、战略策略离市场要求差得还很远；对竞争对手的战略我们也一无所知，缺乏相应的信息资料，所以中标率很低。究其原因，对经营这个龙头地位还没有真正确立。

一是要加快建立健全经营系统，使经营系统变成一个强力系统。什么是强力系统？就是在市场竞争中，50％打胜仗。要真正纵向到底，横向到边，有规范程序、规范标准。最好的工作效率和业绩，最终反映在中标率和拿来工程的含金量上。

二是要资源共享，顾全大局。集团内部撞车问题屡屡出现。集团公司要加强协调，把资源组合起来，小利益服从大利益，局部服从大局，要站在集团整体利益上考虑问题。

三是要加快经营系统人才队伍的建设。建立强力系统，没人才怎么能建立强力系统？加快人才队伍建设，首先组织要到位，人员要配足，要在量上保证，也要在质上保证。

四是建立统一的责任制。建议每个月通报一次，每个月投标的经济标、技术标如何，谁负责。每个月公布一次，这才有效果。经营系统建立全系统责任制，好的重奖。人力资源部门也要把投标的情况作为职称评定的重要参考。

完善大监督格局，提升综合监管水平

要深刻认识加强党风廉政建设的重要性，增强搞好党风廉政建设的自觉性。我们必须清醒地认识到，党风廉政建设和反腐败斗争关系到党的执政地位能否巩固，关系到党和国家的生死存亡，也关系到国有企业能否健康持续快速地发展。大家应该记得，新中国成立前，毛泽东主席要求领导干部读郭沫若先生撰写的《甲申三百年祭》，告诫全党不要当李自成，不要重犯胜利时骄傲的错误。唐太宗李世民曾经讲过："水能载舟，亦能覆舟。"古今中外的历史教训极为深刻，我们必须居安思危。各级领导干部，在和平发展的年代，面对市场经济大潮，务必保持清醒的头脑，要有政治敏锐性，要有忧患意识，要树立党纪法规观念，切不可背离人民的意志，决不能脱离广大职工群众。

要进一步完善大监督格局，不断提升综合监管水平。在生产经营管理中，还存在一些不容忽视的问题。一是管理不到位。邓小平同志曾经告诫全党："没有监督的权力必然导致腐败"。我们应当清醒地认识到，管理混乱不仅反映出监督方面存在不少亟待解决的问题，而且还会给违法违纪分子留下空隙可钻，造成国有资产流失。二是法律意识淡薄。比如说担保被骗，用感情代替法律，不按规定程序办事，个人独断专行，缺乏部门制约，其结果是大大增加了企业的经营风险，致使一些重大经济损失难以追回。三是内控制度不完善、执行不力。有些制度虽然制定了，但没有严格地贯彻执行。四是对挂靠单位以包代管现象严重。不能签了协议、收取管理费就完事大吉，关键要加强监控，否则出现问题我们都要承担很大的风险和责任。五是投资效益低下。有些项目多年没有回报，究其原因，既有当时未按程序办事、缺乏科学决策的问题，也有决策实施后责任不落实、管理不到位的问题。六是片面追求产值，缺乏成本核算控制。从经营部门承揽任务到组织施工生产，管理过于粗放，对企业盈利水平和资产质量带来直接影响。所以，要进一步完善“大监督”体系，健全综合监管机制，加强过程监控，促进党风廉政建设不断取得新的进步，保证企业经营生产不断取得良好的经济效益。

要真正做到明确责任、落实责任、追究责任。针对存在的问题，首先，要进一步落实系统管理，把“大监督”工作引向深入，明确纪检监审部门的责任、权利和义务，继续加大综合监管力度，及时查堵漏洞。其次，要加强制度建设，完善各个业务系统的工作程序、管理标准和责任要求，通过狠抓建章建制，提高执行力，善于研究新情况，敢于解决新问题。纪检审计部门对实施财务稽查和过程审计的单位先后进行了监管意见反馈，这是很好的。但还有一项工作需要重视，就是要将监管、审计中发现的问题汇总分析整理，向集团机关各职能部门进行反馈，促使各职能部门认真思考，找出差距，看看平时是怎么履职尽责实施管理和服务的，针对问题制定改进措施。再次，要进一步明确工作标准，各业务系统都要明确各自的工作标准是什么，做到考核有据，便于检查。最后，在强调制度建设的基础上，一定要明确责任、落实责任、追究责任，业务系统对每一项管理工作流程、每一个重要工作环节都要切实负起责任，做到“四个规范”，即规范制度，坚持有章可循；规范流程，坚持按程序办事；规范标准，坚持严格管理；规范责任，坚持查纠并重。

要加强经济活动分析和党风廉政状况分析，建立科学合理的考核体系。抓住关键环节，注意解决突出问题和薄弱环节，提高工作透明度，做到公开考核办法，公开考核结果，公开进行奖惩。考核要与具体工作结合起来，与企业的生产经营结合起来，与各项经济技术指标结合起来。集团公司有关业务系统要对事业部和二级公司就生产经营过程进行动态监督，贯穿严格的管理和服务。要定期进行财务成本分析、材料成本分析和经济效益分析，每月分析一次，把亏损控制在初始阶段。

要围绕实现国有资产保值增值开展效能监察，及时查堵漏洞，防范国有资产流失。效益是企业追求的重要目标之一，提高经济效益离不开管理，管理必须加强监督。要充分认识效能监察是强化企业监督管理的一项重要工作，抓实抓细抓深抓出成效。纪检监察部门要紧紧围绕国有资产保值增值和提高企业经济效益，把效能监察工作融入生产经营管理全过程，搞好选题立项，做到真抓实查。通过开展效能监察，及时堵塞漏洞，防止违规违纪案件发生，防范国有资产流失。检验效能监察搞得好不好，最实际的就是要看是否促进了国有资产保值增值，促进了各项经济技术指标按时完成，促进了百元产值利润率明显提高，促进了企业管理能力不断提升。

建设具有国际竞争力的新型企业集团

企业的发展必须有一个明确的目标，目标是企业发展的方向和动力，企业的各个系统、全体员工、全部工作都要围绕实现这一目标来策划、来衡量、来努力。

无论是实现集团的中长期目标，还是长远目标，我们都要立足于眼前，这就是要更好地完成眼前的指标。真正实现集团公司由生产经营型向与资产经营、资本经营并举的转变。市场经济条件下，作为市政府授权经营企业，单纯依靠生产经营是难以承担国有资产保值增值责任的。因此，我们必须把生产经营与资产经营、资本经营结合起来，采取多种运作方式，逐步扩大资产经营、资本经营的范围。

要加大对全资、控股、参股子公司的管理、支持和服务的力度，依法行使资产受益、重大决策和选派经营者的权利，成为真正意义上的投资、决策和规划中心。要加大资本积累，扩大融资渠道，提高资金运作能力，为资产经营、资本经营奠定基础。必须严格投资回报制度，集团公司和各单位的所有投资都要定期收取回报，集团公司和各单位投资新办企业原则上在一个会计年度后开始收取回报；必须重视现金流量概念，各事业部要通过实现规模经济增加资金收入，集团公司和各单位房地产开发业务要实现资金的自我滚动和周转。

各单位要加大对存量资产、非经营性资产的管理，主要通过市场重新配置资源的方式，加快盘活存量资产，加快推动非经营性资产向经营性资产的转化，统一管理、规划、开发、利用现有资源，实现每一平方米的土地和房产都发挥出最大效益；同时积极推动企业的资产重组，扩大集团资产的控制范围和广度。

真正实现集团由区域型向国际型集团的转变。随着经济全球化，必须打破区域限制，走国际型企业集团的发展道路，实现企业市场布局国际化、企业经济运作国际化、企业文化国际化。

集团的市场布局要从区域型向国际型转变，集团的经济发展要实现国际化运作。要把眼光放得更宽广一些，在全球范围选择合作伙伴，加强与国际先进企业、国内一流企业的合作，包括生产经营方面的合作，也包括企业改制选择合作伙伴；要按国际惯例办事，企业财务制度要与国际接轨。

集团企业文化要实现国际化。要突破企业的区域限制，以国际化的眼光和胸怀，海纳百川，形成开放式的、具有集团特色的企业文化，要进一步提高自身的国际化意识，完成本职工作要以国际、国内一流为标准；企业形象宣传要制定在国内、国际上的宣传策略，提高企业的国内、国际知名度和美誉度。

做强、做大、建立现代企业制度，按三步发展是集团的必由之路，才能成长为行业领先、全面协调、可持续发展的现代企业。

第一步是做强。做强的重点是加快发展项目部。要按照项目法施工的要求组建或适时重组项目部、规范管理项目部，培养和打造一批能适应国际化施工、适应国内各类工程施工的，能为企业创建品牌和效益的项目部和项目管理人员，使项目成为驱动企业前进的生产力、企业品牌的代表和利润的源泉。

第二步是做大。集团公司实行积极稳妥的扩张政策，在做强事业部和二级单位改制的基础上，进一步寻求与国内、国际知名企业集团进行战略合作，对集团现有的合作企业进行改造或建立有发展前景的新公司。同时，在控制风险的基础上，在国内、国际收购兼并若干当地企业，进一步扩大集团的业务范围、市场覆盖能力和融资能力，在国内、国际从勘探、施工到交钥匙的大型项目总承包上有所突破，在土地一级开发、建设、施工、物业管理整个业务链上有所拓展。

第三步是建立现代企业制度。集团公司要着力探索建立现代企业制度的公司。在总部机构设置合理调整的基础上，在做强做大的基础上，进一步厘清与投资企业的关系，按照现代企业制度的要求，着力把集团公司建成现代企业制度的公司。

我们改制的目的，就是促进企业的发展，促进生产力的进一步解放，这也是检验企业改制是否成功的一个基本标准。希望已经改制的企业要尽量缩短适应期，进一步完善机制，初步实现按现代企业制度模式运作，逐步步入良性循环。

实现企业的发展战略，首先就要坚定不移地推进建设具有国际竞争力的新型企业集团的进程，坚定不移地实施开放型发展战略，思想观念、科技体系、人力资源、经济体系都要开放。要有紧迫感，要有忧患意识和危机意识，要坚定不移地实施开放型发展战略，加强与国际、国内一流企业集团的战略合作，建立长期合作的伙伴体系，提高驾驭市场、统筹运用社会资源的能力，以开放的眼光打造企业。随着世界经济一体化，不能关起门来搞企业，必须彻底摒弃围墙意识，拆除围墙办企业。全体员工都要具有“走出去”的思想准备，企业发展到哪里，员工队伍就能战斗到哪里；全体员工都要具有较强的学习能力，企业的业务拓展到什么领域，员工队伍就能迅速学习掌握这一领域的知识。在新的行业、新的产业的延伸，就要求我们尽快掌握相关知识。要健全企业科技创新体系，加强与科研院所、大专院校建立合作关系，充分吸收社会上的科技成果，保持企业科技在国内、国际同行业中的领先水平。要树立科学的人才观，不唯学历、不唯职称、不唯资历、不唯身份。既要从企业内部挖掘人才，又要面向社会广招贤士，建立以公开、平等、竞争、择优为导向的选人用人机制，不拘一格选人才。不求所有，但求所用；不求全责备，不论资排辈；用其所长，容其所短。

实现企业的发展战略，还要转变企业的经济增长方式，坚定不移地把降低成本、提高效益作为企业管理的中心内容。要进一步加强项目成本管理。严格对外施队的管理，坚持引进整建制的、有一定作业能力和信誉的队伍，逐步建立材料设备集中采购体系，努力降低项目的劳务费、材料及设备采购费。要坚决克服重点工程成本兜不住的现象。要进一步加大回款力度，按照合同回收工程款和清理拖欠款。要进一步严格经济责任制。企业的领导班子必须对企业的经济效益负责，特别是企业党政主要领导要承担直接责任。集团公司全资子公司的经营者和控股、参股子公司的集团股权代表承担投资回报责任。

实现企业的发展战略，更要坚定不移地全面提高集团的整体执行力，在企业改革发展中充分发挥企业党组织的政治核心作用。集团的长远发展，必须有强有力的纪律保证。战略的实施，也必须有强有力的纪律保证。领导干部要带头提高执行力，对于上级已经决定的事项，对于领导班子已经集体决定的事项，对于自己职责范围内的事项，要坚定不移地组织好贯彻实施，不允许以任何借口推托延误。要建立严格的责任追究制度。领导班子和领导干部必须承担起发展企业的历史责任，对于应该发展而没有发展起来的区域市场，应该发展而没有发展起来的产业，应该发展而没有发展起来的企业，应当赢利而没有赢利的单位，都应当采取相应追责措施。各级党组织要把好关、定好向、领好路，把全体党员的思想统一到企业的发展上，统一到认真贯彻实施企业的发展战略上。共产党员要在企业改革发展的焦点、难点、热点问题和工作上发挥先锋模范作用，推进企业的改革，推动企业的发展，为建设具有国际竞争力的新型企业集团提供坚实的思想政治保证和组织保证。

转变经济增长方式，提高企业经济运行质量

转变经济增长方式很重要，关系到建设小康社会，也关系到我们建设具有国际竞争力新型企业集团的战略目标的实现，关系到全体员工，包括离退休员工的生活质量的提高，也关系到老百姓生活水平是真提高还是假提高。

转变经济增长方式首先还是要转变观念。要从粗放的经营、粗放的工作、粗放的思维中走出来。有的公司投资注册后，三五年都没有人去管，公款被别有用心之人变为己有。有的成本在项目上滚来滚去，一算账亏损几千万元。有的人对这样的损失能够心安理得，却不能理解为什么请专业公司为企业建立内控制度和风险保障制度，这就是观念问题，必须尽快转变，转到有利于提高企业经济运行效益上来。

转变经济增长方式还要进一步调整结构、整合资源。企业进行内部结构调整：一是调整资本结构。如果整个资本总量里，存量资本和货币资本比例极不匹配，大量都是沉淀的实物，账上的资金却非常羞涩，这样的企业经营起来会越来越困难。所以，要在存量资产变现方面动脑筋、想办法，加快变现的速度，调整和改善整个资本的结构。二是进行资产重组。通过资产重组，把发挥

不了效益的资产重组到能够发挥效益的地方去，把资产向优秀的管理团队转移。怎样整合资源、实现效益最大化，是一个重要问题。三是加快资本周转。马克思讲，资本的流动和转移才是增值的基本前提条件。四是加大风险管理。整合资源时要加大风险管理，减小资源投入、资金运行的风险，不仅要评估，还要追踪管理，对出现问题或存在风险的地方及时亮黄牌。

转变经济增长方式也要全面推行责任制和彻底的效益分配制度。既然是全面责任制，从总经理到每一个现场操作人员就都要承担各自的责任，出了问题要掏自己的口袋赔偿。不同的管理层次，不同的管理层面，上一级、下一级层层都有责任，都要承担责任。既然是按劳分配，有效益了才能分配，没有效益就不能获得分配。

除此之外，我们还要充分明确企业的战略定位、明确企业的发展思路，强化企业的过程管理。要特别强调把企业运行的过程和每个员工的责任、风险、收入统一起来，管理的过程要和每一个员工的责任、风险、收益结合起来。这个过程要真正做到民主，民主的过程就是调动员工积极性的过程，民主的过程就是完善企业管理制度、管理机制的过程。要特别强调公开、公正、透明，强调责任，强调风险。贯标确实是好制度，你干的要写上，写上的要干，干完了要记。不能习惯于拿过来就干，干错了以后再去纠正，浪费了大量的资源。

建立强有力的业务管理体系

一个强有力的业务系统，就是企业的重要支柱。没有强有力的业务系统，领导的意图实现不了，企业的决策贯彻不下去，即使再好的意图和决策也只能成为“空架子”，最终使企业处于失控状态。

项目施工的时候，项目和系统是相辅相成的。要搞项目法施工，必须有系统的配套，各个业务系统对项目既是服务关系，又是控制关系。项目上出现问题，责任就在业务系统。有的项目部经常出现亏损，但没有哪一个系统负总责，谁都可以推卸责任。所以，要尽快完善各个业务系统的建设，真正达到纵向到底，横向到边。这必须从企业机关总部抓起，认真研究业务系统的管理内容和模式、管理的范围和深度，要制定标准、流程，形成规范，还要有有效的约束激励机制。

要创新管理方式，提高执行力和调控力。改变现在的主要靠文件、靠会议来管理的方式，通过信息管理现代化，及时掌握基层直至重点工程项目的动态，及时提供业务指导，加强过程控制。要加强层级管理，层层下沉，杜绝“空中指挥”的现象，解决“纵向到底”的问题。

要实行部门系统管理负责制。各部门负责人要对本系统的管理负责，要做到年度有目标，月度有分解，考核有标准，分配有依据。基层出现问题，要追究系统负责人的责任。企业对二级公司调控不够，原因是体系、制度、规范和流程没有建立起来。这就是大工业和小农经济的差别。大工业是依靠好的工作流程、工作标准，来保证提供好的产品、好的服务。生产线上的员工都是经过严格培训的。要有工作标准。在现场落实贯标很困难，因为很多工作没有严格地按标准、没有严格地按操作程序去做，缺乏严格的培训和监控。如果有标准、程序、培训和监控，我们的产品成本会大幅度地下降，产品质量和服务会大幅度地提高。

系统管理和项目管理是永恒的主题，是提高企业经济效益的主要依托。必须把系统管理和项目管理放在一个更加突出的位置，真正做到纵向到底，横向到边，努力适应改革调整的大局。

系统管理要紧密结合企业改革发展的实际调整系统设置，切实做到效益和风险有人抓，抓到实处，防止出现系统管理的“真空地带”。系统管理的职责要到位，层次要清楚，标准要与国际前沿管理水平接轨。充分吸收国内外知名企业的管理制度和标准，大胆引进国外知名企业、成功企业的做法和经验。系统管理要延伸到每一个环节，并与相关系统衔接。比如，降低生产成本不是哪一个系统的责任，财务、生产、科技、人力资源和经营等系统必须通力合作，才能实现人力、材料、机械台班等成本指标的受控。

强化管理提高企业经济效益

首先，必须强化内部管理。有的工程暴露出一些问题，各个层级的领导将很多精力用在工程施工上，没有时间考虑管理问题，难以提高经济运行的质量。包括生产经营系统在内的各个业务系统，都有一个提高执行力的问题。提高经济运行的质量，关键在提高执行力。

其次，我们必须研究怎样盘活实物资产，增加货币资本。生产经营依靠银行信贷来扩大生产规模，依靠银行信贷来解决问题，单纯依靠银行信贷来维持，依靠银行“输血”，最后是维持不下去的。必须加大盘活存量资产的力度，转为存量资本金，加大自有资本金，减少银行信贷。

最后，要加强对资本、财务的集中统一管理。一方面，我们的资金紧张；另一方面，我们账上沉淀的货币资金却令人吃惊。一边是货币沉淀在银行，另一边又要去贷款，增加财务成本。马克思讲，资本在运动中才能增值。所以，我们强调，必须加强对资金的管理，强调资金的集中统一。

建设节约型企业

中国经济正在快速增长，在世界经济发展中起到火车头、发动机的作用。但是，我们付出的代价也很大，每一百元GDP付出的代价高出先进国家一倍、二倍甚至三倍、四倍。珠江三角洲、长江三角洲经济发展很快，但环境的破坏也很严重，连百姓的吃水都出现危机。

对于企业而言，规模扩张很快，但效益并不十分理想，资金非常紧张。一方面是规模增长，另一方面效益并没有增长；一方面中标高兴，另一方面项目在亏损，报喜与报忧同时存在。这给我们敲响了警钟，必须开展建设节约型企业活动，否则就会重复以前走过的弯路。

第一，思想上要高度重视。厉行节约，建设节约型社会和节约型企业，是一件关系国计民生、关系企业竞争力、关系职工生活水平的大事。但是，我们在施工生产实践中并没有真正重视节约。大项目都强调一次性模板，下来的用到哪去了？异型的一次性摊销可以，但是同一标准的不行。有活儿的时候人多，没活儿的时候也那么多人待着，这肯定不行，项目管理应该是动态的。

第二，节约更重要的是贯穿在企业管理的过程中。要规范管理行为、操作行为，做到每个环节都有量的标准，有质的规范，有责任人，有奖惩办法，向管理要效益。靠合同管理可以抓住钱，靠预算管理可以找回钱，靠财务管理可以管好钱，靠材料管理可以节省钱，靠技术管理可以少花钱，靠思想政治工作可以树立全员成本意识。这样的“六靠”很有辩证法。一些实践证明了的好做法，必须强制推行。有的职工在钢筋套加工中强调严格执行技术规范，在规范中节约，一个项目就节约钢筋560吨，价值200万元。如果每个项目都做到这一点，该是多大一笔财富。有的职工给每个作业组都配备一个小筛子，用来筛落地灰，抹灰砌砖时出现落地灰，立即过筛，就地利用，施工现场几乎没有渣土。要把这些好的经验迅速转化成制度，不断检查抓落实。

第三，节约要与分配挂钩。节约的人有没有好处？没好处，靠觉悟，短期可以，长期不行。要有激励制度，让节约的人得到好处，把节约变成持久的活动。业务系统的节约也要与分配挂钩。

第四，要落实责任人。节约的责任人是谁，要落实，否则就没有人费劲去盈利；浪费、亏损的责任人是谁，也要落实，亏了要追究责任。凡是出现亏损的企业和项目，一律要追究领导责任；凡是集团总包的工程，包括外埠和国外工程，都必须事先签订总包合同、分包合同和经济责任书，事先明确经济责任，盈亏都要找到责任人，否则节约落实不了。

第三章

国企领导班子

创造宽松、和谐、富有活力的人际环境

一个企业能否搞好，除了规章制度以外，人际关系也是起决定作用的。如果人们天天都想着琢磨别人，哪还有时间去琢磨市场、琢磨生产经营呢？虽然我们的年龄不同，学历不同，思维方法不同，考虑问题的角度不同，但把企业经营搞好，目标是一致的，利益是一致的。

创造宽松的、和谐的、富有活力的人际关系，需要强调以下三点：

第一，要讲学习，讲政治，讲正气。讲学习，除了认真学习理论，学习有关知识，还要注意从理论上思考问题，合乎逻辑地思考问题，找到思维的共同点；讲政治，作为一个管理干部没有政治立场、没有政治原则就不会搞好企业。一定要讲政治，讲原则，一团和气的所谓团结是不行的。作为党员，和党的组织保持一致也是讲政治。讲正气也是一样，一个人没点气节，不分是非，那企业还怎么搞，从大处讲要有民族的正气，企业也要有企业正常的风气，时间长了，养成一种好的风气，和谐的人际关系才能建立起来。

第二，要树立认真学习、民主讨论、积极探索和求真务实的

风气。树立认真学习的风气是前提，通过学习掌握一定的理论知识，有了一定的理论修养，才能够比较容易地统一认识，才能有和谐的人际关系。民主讨论的风气是基础，大家要心平气和地说理，坚持真理，服从真理，通过讨论求得共识。不能搞一言堂，独断专行，这样搞不好团结，也搞不好企业，要树立积极探索的风气。因为我们对客观事物的认识没有一次穷尽的，只能是相对接近真理。因此，真理都是相对的，没有绝对的真理。如马克思讲的社会主义和我们今天的社会主义就不是同等意义上的社会主义，这么大的科学理论都可以发展，那么我们企业生产经营的问题就更要积极去探索。要有求真务实的风气，不要搞花架子，要实事求是。

第三，只要我们在思想上真正对人宽容、理解、真诚、支持，和谐的人际关系就会建立起来。对人要真诚，不能虚情假意，见风使舵。我们还要宽容，因为人们判断问题、分析问题会有不同，要多换位思考，领导者和被领导者之间，兄弟单位之间多换位思考，就容易做到宽容。现代人不要搞得小肚鸡肠。在宽容的基础上要理解、支持，多理解别人，多支持别人。

推动企业领导班子建设

各级领导班子要认真学习现代企业的管理思想、管理理论、管理科学，提高各级班子驾驭企业的能力。

要站在 21 世纪的高度，去认识提高领导干部现代管理思想、理论、科学管理水平的重要性和紧迫性。我们一提解决问题，还是靠经验，靠传统办法去应付，驾驭企业的能力捉襟见肘，越来越感到困难。要想达到国际水平，至少要做三件事。第一，国内最先进的标准、水平是什么？第二，企业与国内先进水平的差距在哪儿？第三，国际先进水平是什么？我们的差距在哪儿？要做出客观的、实事求是的分析，首先要找到自己跟别人的差距。这需要一番艰苦细致的学习过程。

学习非常重要。西方现代企业管理、工业社会经历了 300 年左右的历史。300 年以来，现代管理理论、管理科学经历了三个发展阶段，泰罗制、行为科学、人文管理科学。以人为本的管理，我们学了多少呢？所以，要学习管理思想、管理理论、管理科学。关键是系统的思维方式问题，能不能用系统思维的方式来认识企业。如果不能用系统思维的方式，各项工作就很难落实。比如，产业结构调整、产品结构调整的任务，谁来干？怎样干？什么时候干完？干到什么标准？这就是一个系统工程问题，没有扎扎实实的组织工作，这些事情落实起来就很困难。

要用系统的观点看问题，用系统的思维来分析问题，要拿出一个系统的工作方法、系统的工作措施、工作规划出来。现代管理科学强调计划、组织、指导、协调、控制，这是管理的五大要点，谁来做计划？谁来组织协调？谁来监督控制？这个非常重要。所以说，我们都面临着一个认真学习现代管理思想、管理理论、管理科学的任务，面临着一个重新学习、重新武装自己的问题。

适应市场、驾驭市场的能力强不强，最终体现在市场的结果上。市场的结果就是看你的业绩怎样，投标你拿到没有。就差 0.5 分，别人拿到了，你没拿到，无法说明你比别人强。

各级领导一定要站在全局的角度认识问题，处理问题，站在一把手的高度认识问题，考虑问题。不少副职老埋怨一把手不支持自己。不当一把手，不知道一把手的苦衷。要学会站在全局的高度考虑问题，支持主要领导工作，要走一盘棋。当然主要领导也要放权，也要支持副职做好分管的工作，权力放下去，责任留下来，不能老埋怨主管领导，当然不能说主管领导没有责任。

现代管理与传统管理最大的区别是解决横向沟通问题。传统计划经济的管理是宝塔尖式的管理，上面指挥，下面执行，上下级是绝对服从的关系。计划经济变化很少，市场经济则是瞬息万变的。只强调垂直领导，没有横向协调，任何工作都是处理不好的。加强班子的整体合力，一定要强调横向沟通。每个业务系统都需要其他系统的支持。要排除思想障碍，包括我自己，也要排除思想障碍，不要想领导有分工啊，我去找张总李总是不是手伸得太长了。不是这个意思。现代企业经营管理发展的要求需要横向沟通，财务部门需要经营部门的支持，经营部门同样需要技术部门的支持，道理都是一样的。只有相互支持，才能形成企业的整体合力。

现代企业管理应该是“谁先知道谁负责”。下面请示解决的问题，可能不是你这个部门应该处理的，但你有责任帮助找到该由谁来办。有些事确实不归你管，但你先知道了，就要帮助下级把事情处理好。二级公司提意见说集团公司机关扯皮，踢皮球，责任在领导。“问题出在前三排，根子出在主席台。”部门扯皮是领导的要求、管理不够。希望各级领导、广大干部都从提高企业综合竞争实力出发，遵循“谁先知道谁负责”的原则，把企业的各项工作做好。

各级领导班子一定要真诚合作，精诚团结，坦诚相待。大家有缘分走到一起来工作，是党的信任，是组织的信任，是职工的信任和厚爱。一定要真心诚意地相互关心，同心同德把企业搞好，效益才能提高。有许多思想上的障碍使问题沟通不了，表面上和和气气，实际上思想沟通不了，延误了矛盾的解决。

在具体工作中，要大力加强思想政治工作，化解一切矛盾，调动各方面的积极性。

当前企业改革力度很大，所有的改革都涉及利益的调整，所有的改革都要让职工接受。怎样接受呢？只有加强思想政治工作，让总经理的讲话变成每一名职工的行动，这就有一个宣传群众、组织群众、武装群众的问题。要让群众理解、接受、执行，没有一番艰苦细致的工作是不可能的。一家三口人，思想还不一样，一个人上午想的和下午想的有时也不一样，咱们企业的三万五千人，年龄、学历、经历、理解能力都不同，要在一个点上统一，是很不容易的，不是一句话两句话的问题。所以要加强思想政治工作，加大宣传教育工作的力度和覆盖面。

一个大的改革方案，没有深入细致的宣传教育工作，群众怎么能接受呢？特别是改革力度大、下岗分流多的单位，要多做思想政治工作，希望职工理解、支持，化解消极因素，保证企业的稳定。要通过深入细致的思想工作，化解矛盾和不利因素，调动一切积极性，完成企业的各项任务。

目前，社会处于转型期，企业间、行业间发展很不均衡。各级领导要特别注意关心少数人的利益，帮助他们协调好。当前的市场竞争很激烈，大家的困难很多，苦衷很多。但是，越是在困难的时候越要注意工作方法，改进工作方法。毛主席说，要过河，就要解决桥或船的问题，要么就要会游泳。不会游泳，又没有桥或船，怎样到达彼岸？主观愿望是好的，但工作方法不对，效果不一定好。因此要改进工作方法，提高工作水平，加强领导班子建设，提高驾驭市场的能力，提高解决问题的能力，提高应对市场竞争的能力。

建设一支高素质的企业管理干部队伍

我们反复强调，企业的竞争就是人才的竞争，人才的竞争就是素质的竞争。市场经济的发展迫切需要我们建立一支高素质的干部队伍，带领企业在市场经济的汪洋大海中驶向胜利的彼岸。所以，建设一支高素质的干部队伍是我们的当务之急。

就企业的现状来看，一方面有庞大的人员队伍，另一方面人才结构很不合理，急需的人才又没有。一些新兴产业，比如环保、物业、地下工程的专业人才就很少，传统产业的人才也很缺乏。财务系统的人很多，但真正熟悉财务成本的人也不是很多，选择一个合格的财务干部很困难。中国已经加入世贸组织，国内外企业将站在同一起跑线上。有的跨国公司派来的人员，技术、工程报价基本上都懂，一个人可以干多项工作。我们这里就不一样，谈判的时候，要带技术人员，还要带经营人员，再带上一个翻译。我们现在要求搞国外投标的必须懂外语，因为人家不可能专门为你配一个翻译。

建立一支高素质的管理干部队伍，首先，要建立起一个学习型组织的理念，努力建立一个学习型团队，努力建立一个学习型群体。形势发展很快，要尽快掌握很多新知识新技术，不然就要落伍。这是国际国内企业非常重要的一条成功经验。比如，美国的通用电器公司，在世界企业 500 强中名列前 10 位。总经理韦尔奇经营这个公司近 20 年，他能成功的一条基本经验就是建立一个学习型的领导班子。企业经营过程中面临的矛盾遇到的困难都是在不断学习的过程中探索出最佳的最科学的解决方案。韦尔奇一年中用很长时间去组织公司经营班子进行培训和考察学习，保障了美国通用电器公司能够长盛不衰。

其次，要加强领导干部的培训。我们都处在第一线，工作都很紧张，每天要应付和处理的事很多。但是，越是在紧张的情况下越要抽出时间来组织培训。企业的培训在国外的大企业中都作为一条基本的经验，每年至少有 3 个星期的时间。只有通过有目的、有计划的培训，有时甚至是强制性的培训，才能丰富我们的知识，丰富我们的经验，才能提高我们的领导艺术，进而增强我们驾驭企业的能力。通过学习能提高我们的工作效率，这是另外一种途径。

最后，领导干部要树立自觉学习的良好风气。培训是一个方面，但重在自觉的学习。领导再忙，起码一个季度得逛一次书店。世界之大，发展之快，都令我们难以想象。但是，抽出半天时间逛逛书店，丰富我们的知识，对提高领导工作效率很有帮助。利用业余时间，选一些和我们工作接近的书看一看，学习学习，没有坏处。土光敏夫有一个观点意思是说人们先天没有什么区别，生下来第一声就是会哭，别的什么都不会。后天的区别在哪里，就在于人对业余时间如何利用，不同的利用方式就出现差别。充分利用业余时间来充实自己、提高自己，这是培养高素质干部队伍的一个很重要的途径。

建立高素质的领导干部队伍，还必须建立一个好的用人机制。加入世贸组织之后，从龙永图那里开始讲，竞争最激烈的将是人才。为什么这么说呢？跨国公司要到中国发展，一条最成功的经验就是人才本土战略。像摩托罗拉公司、惠普公司、韩国的三星公司等都是如此。世界500强企业在中国发展成功的，几乎都是聘请中国人任总经理。想一想，外资企业里如果没有中国人，他们两眼抹黑找谁去，而我们国有企业用人机制很滞后，所以特别强调用人机制的改革。我们要创造一个特别宽松的环境，做到人尽其才，才尽其用。

古人讲“国有三而不祥”，即有才而不识，识而不用，用而不任，这是一个国家一个民族的最大不祥之兆。人才大量外流现象，“春秋战国”和“三国”时代最为严重，现在也存在这种现象。我们中华民族面临着伟大复兴的大好机会。作为国有企业，用人机制的改革是我们吸收人才的根本。如果不建立一个好的用人机制，即使用了也留不住。

建立一支高素质的干部队伍必须在分配机制上真正实行按劳分配的原则。现在有的单位实行的是奖金分配制，经理是三百元，传达室的师傅照样拿三百元，这就没有体现出社会主义按劳分配原则。价值和价格是不能长期背离的，短期背离是可以的。市场经济起作用的是价值规律，违背规律就要受到惩罚，这一点非常重要。坚决实行按劳分配的原则，加快分配机制的改革，是我们建立一支高素质干部队伍的重要保证。当然，这些与加强思想政治教育，提高干部思想觉悟，树立正确的世界观、价值观、人生观是不矛盾的，是一致的。

建设一支适应国际化竞争的领导干部队伍

建设具有国际竞争力的新型企业集团，关键在于提高领导班子的战斗力、建设与之相适应的领导干部队伍。

必须在领导班子和领导干部中弘扬和树立与时俱进的精神。坚持党的思想路线，解放思想、实事求是、与时俱进，是我们党保持先进性和增强创造力的决定性因素，也是决定企业命运、决定企业发展的根本因素。各级领导班子和领导干部必须深刻地认识时代的变化、社会的变化、市场的变化，毫不犹豫地、坚定不移地、彻头彻尾地摈弃20世纪计划经济在我们头脑中留下的旧思想残余、旧意识残余、旧观念残余，毫不动摇地冲破、摆脱这些旧的残余带给我们的思想桎梏、观念桎梏、行为桎梏，要轻装前进，跟上时代的步伐，跟上社会的步伐，跟上市场的步伐。要下大功夫认真研究市场经济的规律，研究国际化竞争的规律，研究企业自身发展的规律，以与时俱进的精神指导我们的工作，以大无畏的精神创造性地开展工作。必须充分认识到，建设具有国际竞争力的新型企业集团，首先是我们各级领导班子和领导干部的思想有竞争力，意识有竞争力，观念有竞争力，这就是与时俱进。

必须把发展作为领导班子和领导干部的首要职责。要把发展作为我们各项工作的第一要务，先进的生产力需要发展，先进的文化需要发展，实现最广大人民的根本利益需要发展。因此，各级领导班子和领导干部必须把企业的发展作为首要职责，兢兢业业地、全力以赴地搞好企业的发展。同时代的进步相比，同先进的同行相比，我们还有很大的差距，还需要我们认认真真地、扎扎实实地履行好首要职责，把企业的改革发展搞得更好，再创企业辉煌。

必须把企业的经营发展状况作为检验领导班子和领导干部工作的基本标准。在市场经济条件下，检验企业领导班子和领导干部工作的基本标准是什么，不是看你的口号，不是看你的愿望，而是看企业经营发展的实际状况，看扎扎实实的企业经营发展业绩。无论是建设具有国际竞争力的新型企业集团，还是保持企业的健康发展，我们都不需要庸庸碌碌的班子和干部，不需要保守无为的班子和干部，不需要甘居落后的班子和干部，我们需要的是有能力把握企业的生存、有能力扭转企业的命运、有能力把企业带上一流的领导班子和领导干部。所以，我们今后配备领导班子和选拔领导干部，重要的一条就是看企业的经营状况和经营业绩。

提高领导干部的思想政治工作水平

各级领导要把加强思想政治工作作为重要的政治任务，化解各方面的矛盾。当前，在农民工工资兑付、拆迁、农租房腾退和人员分流等方面，都存在着矛盾。我们特别强调领导之间、领导与被领导者之间要加强沟通和交流。信息沟通了，感情交流了，误解和误会就会减少，我们就会有一个宽松的环境，大家就没有后顾之忧。现在，我们改革的工作量很大，产权重组，资源重新配置，都涉及利益的调整。各单位党委及宣传部门要把改革的好处、步骤向员工讲清楚，加大宣传教育的力度，以取得员工的理解和支持。

思想政治工作要延伸扩大。一要延伸到外施队伍中去，要重视做好外施队伍的管理工作，要把外施队伍当成集团的重要组成部分，不能以包代管。以包代管会造成许多无法挽回的后患。外施队伍是我们集团的一个重要的组成部分。二要延伸到社会、延伸到业主、延伸到政府、延伸到社会的各个层面。企业在社会中生存，需要与社会互动。品牌好不好，需要社会来评价。我们要像爱护自己的眼睛一样爱护集团的品牌。要认真对挂靠企业进行清理整顿，对没有必要的挂靠队伍要坚决清除。不要因一点小利影响企业的品牌，得不偿失。要教育员工礼貌待人，尊重别人、理解别人，不能恶语伤人，品牌的保护是长久的。每一名员工都要做一名对企业有益的人。

我们要加强思想政治工作，要与社会建立互动关系，让社会各界关心、爱护、支持集团，要让社会各界人士感到与集团打交道放心、让集团提供产品和服务可靠。我们要围绕这一点做好思想政治工作，每一位员工都要为树立集团品牌做贡献。我们工作的范围在扩大，合作的范围也在扩大，我们要以开放的胸怀、开放的思路真诚地待人，搞好交往，这也是思想政治工作。一个成功的领导应是一个很好的思想政治工作者，我们各位领导要提高自己的交往水平、语言表达水平。

树立正确的思想方法

我们为什么要强调从理论上考虑问题、从系统上来考虑问题？生产中发生的一些事情，看起来都非常小，造成的社会影响却很不好，给我们的投标工作带来麻烦。我们总在讲强化系统管理，一个系统老出问题，说明问题虽然出在下面，但责任在上面。

现在，很多领导在慢慢地学习怎么样从理论上考虑问题、从系统上考虑问题，但是仍然有部分领导强调工作忙、任务多，每天都在应付着日常的琐碎事情。我们招投标过程中出现的问题，许多都是不应该出现的。我们有些领导不太善于从系统上抓工作，自己觉得很忙，掉到事务堆里去了，有的甚至越权越位，干了别人该干的工作。这个问题不解决，我们每天都沉浸在这种忙忙碌碌中，根本没有精力从理论上考虑问题、从系统上考虑问题。

各级领导要明确自己的责任，明确自己该干什么。领导应该做领导的工作，要集中精力抓大事情，具体工作由具体工作人员去干，领导只有集中精力抓大事才能做到科学发展。集团公司制定了五年发展规划，希望各个单位，也包括事业部，也要做出三年到五年的发展规划，这是大事情。

各级领导都要清楚自己所管的企业、所管的部门，做到对自己管的系统、部门、单位的真实情况心中有数。有的领导以其昏昏，使人昭昭，同类型的问题讲了三五遍，结果下面出的还是这个问题，对自己管的部门和人员不了解，出了问题把责任到处乱推，上面推上面的责任，下面推下面的责任，只有自己没有任何责任，这样就很麻烦。所以我们强调树立科学发展观，首先对本企业、本系统、本部门的情况要有真实的了解，不能以其昏昏，使人昭昭，不能若明若暗，否则，仍然会出问题。要学会冷静地考虑问题，不要一天忙忙碌碌的。

各级领导都要有一定的时间去冷静地考虑问题，要把问题考虑透了、考虑成熟了再去做。我们在生产经营过程中经常会出现比较乱的现象，在干工程的过程中发傻、发呆，进度被逼到一定程度的时候就发狂、发疯，到最后没有办法了就抢工，不顾成本、质量、安全。所以，我们强调各级领导一定要学会冷静地考虑问题，从理论上来考虑问题，从系统上来考虑问题。其实每一项工作、每一件事情都是有关联的、都是有联系的，就像《矛盾论》中讲的，矛盾的每一个方面都是互相关联的、都是有联系的，不能就一个问题讲一个问题。因此，各级领导忙的时候一定要有一个冷静考虑问题的时间，要学会从理论上考虑问题，从系统上考虑问题，找出问题的原因，不重复犯低级性错误才可能成为现实。

要把基层领导班子建设作为工作重点。加强领导班子建设的重点，是要抓好项目、分公司的领导班子建设。我们的问题基本上都是在基层出现的。这里，我们特别强调，项目建到哪里，支部就应该建到哪里，分公司建到哪里，支部就应该建到哪里。要把这一点作为纪律、作为制度来执行。毛泽东同志早就提出支部建在连上是我军战斗力的重要保证，各级领导要高度重视。

现在，少数基层领导干部往往思想观点比较单一，思维方式比较片面，只强调某一点重要，别的都不重要，我建议这些同志学一学马季同志的五官争功。从马季同志这个相声里，我们应该学会辩证地考虑问题。自己干哪一行就强调哪一行重要，说明这个人就不讲辩证法。加强基层领导班子建设，各二级公司的业务系统有责任帮助项目、分公司建设好有关系统。目前，很多项目上缺少预算和财务，怎么能降低成本、提高管理水平，怎么能做好索赔工作是我们需要思考的问题。项目是最基本的一个经济细胞，项目运行活力强，企业竞争力就强。

要加强班组长建设。班组长虽不是领导班子，但班长、组长都在一线作业，他们的政治素质、技术素质、领导能力和水平关系到企业的核心竞争力。现在对班组长的管理是一个真空，有的班组长吃拿卡要。不要小看班组长，那是我们最基层的领导干部，支部要管，项目上要管，分公司要管，这是一个重点。有些项目、有些单位出现问题，要引起我们高度的重视，要加强班组建设。

要加强各级领导责任制建设，各级领导要加强工作责任心。比如清欠问题，我们反复强调，谁干活谁要钱，谁要钱谁用钱，责任应该很清楚。各级领导要增强责任心，不能随便大笔一挥几十万元、几百万元就没了，甚至几千万元就没了。

要用开放的心态搞企业。小平同志讲的改革开放是两个方面，只改革不开放中国的社会主义建设是没有希望的，只改革不开放企业也是没有希望的。我们有的企业长期封闭在一个小圈子里，长期保持一种固定的思维方式，不了解外面的世界，不了解外面的情况，因此我们提倡并强调要开放地搞企业，要走出去请进来，学习兄弟单位的经验和好的做法，要加强人员交流，破除长期形成的固定的思维方式。

要以一种包容的心态来接触合作的对方，要有一个磨合期，只要有利于解放生产力、发展生产力，我们就应该支持。但是我们个别的领导班子、领导不是这么考虑问题，不论事情对不对，先与以前的做法进行比较，不一样心里就不舒服、不痛快，有的领导分工调整后心里也不舒服，就认为改革侵犯了自身利益。这种思维方式怎么能行？按物理学的理论，在封闭状态下运行会形成内耗，在开放的状态下运行，能量能发挥出去、释放出去，会减少内耗。虽然用物理学的现象来解释企业不一定合理，但这个观点是正确的。

我们强调要以开放的心态和胸怀、以包容的心态和胸怀来学习兄弟单位的经验，而不要用我们过去传统的思维方式来评价我们改制企业新出台的体制、机制。我们要加大宣传教育的力度，尤其是改制企业要加大宣传教育的力度，教育干部职工以宽容的胸怀、开放的胸怀、包容的胸怀来对待新的体制、新的机制，讨论一个问题要看这个问题是否有利于生产力的解放和发展。

以思维方式现代化促进领导方式现代化

面对知识经济日新月异的发展，市场经济的不断完善和我国加入 WTO 给企业带来的严峻挑战，新情况、新问题层出不穷，客观上要求我们适应形势发展需要，坚持与时俱进，弘扬创新思维，提高创新能力，不断改进和完善领导方式，以思维方式现代化，实现领导方式现代化，在创新中不断解决实际问题。

创新思维方式，就要进一步解放思想，转变观念，使我们的思想观念或思维方式，尽快从传统计划经济和传统的习惯思维，传统的小生产思维等里面跳出来。观念决定行为，没有正确的思维方式、正确的观念，怎么能有正确的行为呢？马克思主义哲学讲，没有革命的理论就不会有革命的行动。所以说解决领导干部的思维方式问题，是我们所有单位面临的非常紧迫的问题。

创新思维方式，就要彻底地摈弃“围墙观念”，用系统的、联系的、发展的、开放的眼光来思考问题、分析问题、解决问题。“围墙观念”不同程度地存在于我们各个方面工作之中，存在于我们的思想之中、观念之中、思维方式之中、潜意识之中。

比如，在用人问题上，我们有没有打破旧的用人范围、用人标准、用人渠道的“围墙”，真正按照市场竞争的需要，按照企业发展的需要来优化我们的人才资源配置；比如，在承揽标志性工程问题上，我们有没有打破传统方法、惯性思维的“围墙”，领先一步，针对不同的用户、不同的工程用创新的方式、创新的方法去同对手竞争；比如，在企业发展规模和速度上，我们有没有打破因循守旧、小富即安的“围墙”，特别是我们新开辟的领域，从集团发展的大局出发，从集团的战略需要出发，去争分夺秒，做强做大；再比如，在企业改制问题上，我们有没有真正突破国有公有、一股独大的“围墙”，从企业的长远发展出发，从职工的长远利益出发，积极主动地去转换企业的体制、创新企业的机制，等等。

进一步地解放思想，转变观念，用现代思维方式去指导我们的工作，我们的视野就会宽阔得多，我们的思路就会清晰得多，我们的方法也就会丰富得多。

提高领导干部的四种能力

各级领导干部的能力体现着企业的竞争力，决定着企业的命运。所以，企业最核心的竞争力就是各级领导洞察问题和解决问题的能力。无论是经营者，还是管理者，我们每天都处于繁多的商务活动之中，时刻都会碰到资金、技术、质量、安全、经营等各种各样的问题，有时还得面临各种合同纠纷。这就要求我们必须具备较高的处理问题的能力。能力越强，问题处理得就越好越快，否则就会给企业带来很多被动。那么，领导干部的能力体现在哪些方面呢?

第一是战略管理能力。有没有战略管理能力，决定着企业有没有一个清晰的发展目标和发展思路，关系到企业全面、协调、可持续性发展。要通过提高领导干部的理论思维水平，不断强化战略管理能力。

第二是科学决策能力。就是要求能够在恰当的时间用恰当的方式，通过恰当的程序作出恰当的决定。有些事情需要当即决定，有些事情需要集体讨论，要分清楚，不能拍脑袋作决定。科学决策能力与防控风险能力关系很密切，决策做到科学化，风险就会减少。

第三是策划能力。市场经济的竞争规律要求我们对待每一项商务都必须高度重视和精心策划，否则不但得不到应得的利益，而且既得利益还会遭受损失。

第四是组织协调能力。作为一个领导干部，要应对来自企业内外、上上下下各种矛盾和问题，处理得好，企业就能稳定发展；处理得不好，小则影响企业利益，大则影响社会安定。特别是对来自企业外部的困难，对我们领导干部的组织协调能力提出了更高的要求。无论是经营、贷款还是搞合作，都在考验着我们的能力。基层的项目经理更需要组织协调能力，如果把各方面都协调好了，施工就会顺顺利利地进行，不然就会麻烦不断，就会使问题上移。

领导干部的能力还体现在其他方面，大家可以进一步归纳。希望各级领导在落实文龙总经理的工作报告时，与加强领导干部的能力建设很好地结合起来，增强针对性，讲究实效。

领导干部要增强五种意识

一是要增强党员意识。要时刻意识到自己首先是一名共产党员，其次才是各种职务头衔。作为党员，就应该用共产党员的标准来要求自己。党员的标准就是党章中规定的，没有什么区别，对党员的要求都是一样的。

二是要增强使命意识。身为党员领导干部，党组织把一个单位或一个系统交给了我们，就得把本职工作做好，就得肩负起历史的责任。如果一个企业或一个单位被搞坏了，说明我们党的建设没有搞好。党中央反复强调，要切实增强基层组织的凝聚力、创造力、战斗力。我们只有通过不断加强先进性建设，才能保证企业健康、持续发展。

三是要增强忧患意识。我们虽然取得了很大成就，自己跟自己比进步很大，这些都是客观事实。但市场经济就像逆水行舟，不进则退，不快则退。后奥运时代提前到来，企业面临着严峻的形势，既要看到我们企业有利的一面，更应该看到我们存在的问题和不足，从而尽快更新经营思路，采取有力措施，推动企业转危为安。

四是要增强责任意识。我们肩负的每一项工作都是一种责任。

在企业里面不论你任什么职务，职务越高、权力越大，责任也就越大。作为一个系统、一个方面、一个单位的负责人，只有具备这种责任意识，我们的各项计划才能实现，企业才能良性运转，国有资产才能保值增值，国有企业作为国民经济的支柱地位才能不断巩固和增强。所以，党的执政地位能不能巩固关键在于基层组织。江泽民同志曾形象地比喻"基础不牢，地动山摇"，可见基层领导干部的责任意识直接关系到党的执政地位的巩固。

五是要增强廉政意识。我们是市场经济，价值观多元化，利益主体多元化，也会带来思想的多元化。在这种比较复杂的环境里，我们应该有更高的警惕性，党风廉政建设须常抓不懈。有些人之所以甜言蜜语，好话说尽，就是看中你手中的权力。正常的生产经营我们不能耽误，但违法违纪的事情，坚决不能做。

转变观念要增强五种意识

解放思想转变观念，要重点增强几种意识。

一是开放意识。第一个观点是要开放搞企业。要想把集团重组改制搞成功，就必须搭上民营企业的车，国有资产只有搭上民营企业好的体制机制的车，国有资产才能保值增值。否则靠我们自己管，不可能发生根本的变化。第二个观点是要开放引进人才。我们有很多管理人才集中在主业上，财务系统、经营系统等都比较缺乏人才。现在北京市强制推行全面预算，我们自己有多少这样的人才呢？不引进，我们会的人不多啊！要开放搞企业，敞开胸怀搞企业，加快引进步伐。第三个观点是要开放地引进好的管理办法、管理思路。我们有的领导干部在进入改制企业后变化很大，这就是改革开放的结果。总而言之，必须树立开放的意识，要彻底打破封闭式搞经营、关起门来搞生产的思维，走出去请进来，跟大企业进行合作，跟知名企业合作。

二是效益意识。评价一个企业、一个项目、一件事情，关键要看能不能给集团带来效益，没有效益千万别干，不要劳而无功。效益应放在第一位，不赚钱的事最好别做。目前集团在规模与效益、投入与产出之间出现的不协调现象，足以说明集团的经济增长方式还没有彻底转变过来，还在粗放式的轨迹中循环。因此，各级领导、各个系统、各位员工必须按照走质量效益型道路的要求，牢固树立效益意识，以取得效益作为各项工作的出发点，以效益的多少和得失来衡量工作的成败与优劣，坚决遏制不产生效益的任何劳动。

三是全局意识。我们之所以反复强调全局观念，是因为这个问题已经影响到集团的战略发展。中青年干部测评结果反映出三大弱点，其中之一就是全局意识差。目前，小团体意识在经营生产的各个方面、各个环节都有不同的表现，内部拖欠表现得特别突出，该还的不还，该结的不结，没有信誉。常常是内部总包的扯皮，反而需要外部单位来找领导协调，这种典型的“出口转内销”就是没有全局意识的重要表现。在我们这样大的一个集团里，既存在着不同的利益主体，又具有不可分割的整体利益和共同利益。如果不能站在集团的高度看问题，光算自己的“小九九”，集团的整体优势从何谈起，集团的共同利益谁来维护？因此，提高全局意识务必引起各级领导、各个单位的高度重视。要学会换位思考，充分看到只重视短期利益和局部利益对集团持续发展的严重危害，要切实树立起自觉着想大局、自觉服从大局的科学发展意识。

四是风险意识。市场经济发展了十几年了，我们的风险意识还很薄弱，反映在投标、担保、投资、贷款、履约、分包、联营等方方面面。这些年来，有很多风险已经转化为集团现实债务和法律责任，迫使集团公司承担了很多损失。目前，要采取严厉措施，坚决遏制住风险的无限扩大。对每一件事，都要评估出风险点，超过了点坚决不能干。一个项目的盈亏点，就是一个风险点，过了持平点肯定要亏，亏了还干它干吗？投标要有风险控制点，到了风险控制点宁愿不投；中标了，要确定目标控制放在什么点。项目经理一定要履行风险经营，在项目施工前，必须交够一定的押金，或者拿房产抵押。亏了，就要切实承担起责任；盈了，该分成的就要分成。风险在经营过程中每天都有。因此，各级领导必须牢固树立风险意识，通过有效的管理来规避和减少风险，保证企业健康、稳定发展。

五是危机意识。企业只有时刻保持危机意识，才能在激烈的竞争中保持不竭的创新动力，永远立于不败之地。美国微软公司说自己只有 18 个月的生存期限。我们的危机意识放在哪，尤其是事业部要认真考虑这个问题。目前，集团还在一定程度上存在着“求稳”思想、“官商”思想、“小富即安”思想，还常常以“老大自居”。这些思想的存在，直接影响着集团产业产品结构调整和区域市场结构调整的力度。集团各级领导要正视这种思想的严重危害，正确看待过去的业绩，充分看到企业面临的危机，树立不进则退、不进则败的忧患意识，使企业的领导和员工都能以一个理性的心态面对市场、面对改革。

必须着力解决的三个问题

当前，少数领导干部中存在的一些问题要值得高度关注，并尽快解决。

第一，要着力解决好精神状态问题。

一部分单位新签合同额大幅度下降，都有很多理由，我觉得主要原因还在于精神状态问题，各级领导干部的精神状态到位不到位是关键。我们总习惯于找外部原因，而不从内部多分析原因。市场竞争激烈，市场竞争残酷，市场怎么怎么，业主怎么怎么，都有原因。同在北京，同处一个市场，为什么有的单位是超额完成，有的单位却没有完成呢？有的单位下降得快，有的单位就没下降，反而还增长了呢？个别单位对集团公司的要求置若罔闻，很不在乎，对于指标下降则总是怨天尤人，跟谁都没有关系。这样的精神状态，确实不到位。

我们要善于横向去比较，别老是自己跟自己比。解决精神状态问题，还必须摒弃小富即安观念。这实质上是一种小农意识，我们过去讲了几十年，但在我们少数单位、少数领导班子里面依然存在，有的还表现得非常严重。为什么这么说呢？我们有些单位关起门来搞企业。有些改制企业班子的精神状态也不是非常振奋，不是非常到位。不是一改就灵、一股就灵，改完制还要拼命干啊！产权结构合理不能代替一切。

第二，要着力解决经营思路问题。

要使我们的经营思路更好地适应市场经济，更好地驾驭市场经济，更好地应对市场经济的挑战。但是，我们现在解决得怎么样呢？市场竞争问题、经营额问题、新签合同额问题，等等，不解决这个经营思路问题是搞不好的。

据说，为了北京东方广场项目，香港长江实业集团董事长李嘉诚先生，一次又一次在全国做善事，到北京来做善事；为了广西、深圳的项目，都是多次去那里先做善事后再拿项目。什么叫尊严、什么叫面子，李嘉诚先生给我们做了很好的榜样。我们要善于发动所有的系统、所有的领导人资源，在这方面我们做得很不够，不太善于配置资源，不太会利用资源，关起门来搞招投标，能点出一大串例子来。我举李嘉诚先生这个例子，就是为了说明李嘉诚先生为了拿到这个项目，什么是尊严、什么是脸面？项目拿到手赚到钱就是尊严，拿不到项目，你在那儿端着个架子有什么尊严呢？尊严在哪儿呢？

与此相关的还有一个老大自居问题，有些单位对外交往给人感觉总是很牛气，端着个架子，好像别人找你合作，求你什么东西一样。这个问题不解决，企业永远没有发展。每一个员工出去，都代表集团，社会上的反映不是针对你某一个人，而是针对整个企业。社会上也有很多领导、很多关系找我们办这个事办那个事，我们也要把这种办事看成是一种社会资源，要通过这种关系为我们的经营生产服务。马克思讲社会关系的核心就是人的关系。当然，我们要依法经营、依政策经营。我说这个问题，要改变思路，就要放下架子，待人接物要谦和，谈问题要客观，要实事求是。

我们还要学会善于运用集团的内部资源，因为现代经济的发展强调企业内部怎样合作、上下游产品如何配置，依此做强做大。我们有七个事业部，有多少在合作啊，有多少单位考虑这个产品在生产过程中，能为其他事业部创造一个前提和机遇，让它能够在产值利润上有所增长？这也是一个思维方式问题。我们总是习惯于强调我占有这种资源，我单位这几年增长这么快，每年保持 20%~30% 的速度，说起来就眉飞色舞，但就是不分析这种结果是靠什么创造出来的。事业部之间说严重一点是“老死不相往来”，更何况二级公司之间了，也是“老死不相往来”，关起门来自己搞。

举个例子，我们要强化房地产开发，强化物业，强化物流，这些行业能为我们工程总承包提供什么条件？现在房地产每年开发那么多，一百多万平方米，将来怎样能够促进工程总承包、促进物业增长、促进物流的增长？只要不是法律禁止的，该做的都应该做，使集团内部能够循环起来。所以，总承包也好，房地产业、物业也好，都要思考怎样通过内部的循环、内部合作，实现做强做大。

第三，要着力解决责任感问题。

各级领导班子要有责任意识、危机意识。有的施工现场一个月内连续两次着火，但在分析原因时总说业主指定分包的，是分包单位的责任，那总包单位的责任呢？要追究责任，不能写个通报就完了。其他单位也要回去对照检查检查，就像给人体检一样，诊断企业有什么病，是否影响到企业健康发展，还要开出“方子”来治“病”。

企业存在法律风险、决策风险、财务风险、经营风险、企业领导人的道德风险，总共是五大风险。现在，对国有企业的要求越来越严格，如果决策失误，必须负法律责任。不能再靠“三拍”当干部，胸脯一拍“我没问题”，屁股一拍走人，这样下去能行吗？肯定是不行的。我们要着重解决母子公司的问题。不是所有改制企业都没有问题，那种红红火火发展之下隐忧不少。大家要认真地对照自己单位的情况去分析风险，包括法律风险、决策风险、财务风险。财务风险就是担保，担保就是他不掏钱你掏钱，本身就是风险。现在相当一部分民营企业和银行合起伙来坑国有企业。有的大公司跟那些不规范、诚信度不高的民营企业合作，结果是官司缠身。因为有的民营企业就是皮包公司，就是靠挖国有企业墙角混日子，跟这些公司合作肯定好不了。所以，我们寻求合作时一定要引以为戒，要找大一点儿的、有点儿实力的公司，不要让皮包公司蒙混过关。

团结共事，和谐共事

“同心山成玉，协力土变金”。在竞争日趋激烈、挑战更加严峻的形势下，企业内部的凝聚力显得尤为重要。领导班子能否团结共事、和谐共事，直接关系到企业的前途和命运。

所谓团结共事，就是班子成员要齐心协力干工作，共同把所承担的事业搞上去。

班子能否团结共事，关键在一把手。一个班子的成员，知识结构、兴趣爱好、性格气质、生活经历各不相同，思想认识和工作方法也各有差异。作为“一班之长”，只有堂堂正正、光明磊落，用真诚聚人，用品行服人，用作风带人，才能成为团结共事的“磁铁”；只有发扬民主聚合力，践行民主作表率，才能体现出一把手的重要性。要做到：总揽不包揽，放手不甩手，信任不放任，成为团结共事的“助推器”。

古人云“君子和而不同，小人同而不合”。团结共事绝不是说工作中没有矛盾，工作中有了分歧，对事物有不同的认识和看法并不可怕，可怕的是不能以诚相见，不能在相互沟通中化解分歧，不能在坦诚交流中凝聚共识，不能在批评与自我批评中取长补短。班子成员要学会相互包容，相互包容是团结共事的起码条件。人各有长短，关键是容人之短、容人之异、容人之才。对待差异，要用胸怀来包容；对待责任，要自觉主动担当，在相互包容中求同存异，才能变“和而不同”为“效能共振”。

班子成员要做到团结共事，还应相互尊重，相互欣赏。要换位思考，多站在对方的立场上看问题、处理问题。“懂团结是大智慧，会团结是大本事，真团结是大境界”，这话充满了辩证法。

所谓和谐共事，就是班子成员要坦诚相见、互相支持，形成清新和谐的政治氛围和工作环境。

作为领导干部，不仅要有干事的精神和本领，也要有共事的意识和水平。从一定意义上讲，共事能力也是衡量领导干部综合素质的一条重要标准。如果一个人只能干事，不能共事，那就不是一个真正有水平的领导干部，也很难干成事。因此，领导干部一定要虚心学习如何尊重别人、包容别人、支持别人、帮助别人和平等待人。

切实抓好制度建设与自身建设

要保证领导班子建设能够不断取得新成就，确保企业健康持续稳定发展。一个好的领导集体，是企业健康持续稳定发展最重要的组织保证。一个企业发展得好，领导班子建设肯定抓得好；反过来讲，如果一个企业年年下滑，各项指标完不成，能说领导班子建设得好吗？实践反复证明，加强领导班子建设是保证领导干部安全健康的法宝。

认识领导班子建设的重要性，也要看到当前领导班子建设存在的问题。我曾向大家推荐过几本书，希望大家能够认真学学，如瑞环同志的《学哲学用哲学》，每篇讲话都很短，百看不厌，每次看都有新的收获。还有任彦申同志的《从清华园到未名湖》、曲黎敏同志的《从头到脚说健康》也很好，有丰富的人生哲学，充满了辩证法。

加强领导班子建设必须重视制度建设。加强领导班子建设要与完善法人治理结构结合起来。重组改制企业要认真分析研究董事会应该干什么，经营层应该干什么，党委会应该干什么。企业改制重组后应建立健全公司董事会、经营层、党委会等机构的议事规则，明确哪些事应该是董事会干，哪些事应该是经营层干，哪些事应该是党委会干。要通过制定一系列的程序规范怎么干。加快法人治理结构和制度的健全，不仅有利于企业的健康发展，也有利于领导干部的健康成长。小平同志讲了，制度好了，好人不犯错误，想犯错误也犯不了。党委要履行好职能，不要眉毛胡子一把抓，更不能一问三不知。重大问题要提交董事会、职代会讨论。

加强领导班子建设还必须重视领导干部自身建设。刚才讲的都是外因。毛泽东同志的《实践论》《矛盾论》，建议大家好好看一看，外因是变化的条件，内因是变化的根据。鸡蛋给了温度可以变成鸡仔，石头不管给多少温度也不可能变成鸡仔。所以，我们要通过学习来加强领导干部自身的建设。建设学习型企业，建立学习型领导班子，就是要通过学习来提升自己，通过学习增强自己的知识，通过学习丰富自己的思维能力。提高自身素质，还必须珍视组织给自己提供的锻炼平台。组织上给了平台，怎样利用平台去发挥自己的聪明才智很重要。如果过了三年、五年、八年都没什么变化，平台就浪费了，还老是找外部原因。社会发展到今天，最需要解决的一个问题就是心理健康问题。加强领导班子建设一定要提升自己的素质，一定要通过学习知识来丰富自己、提高自己，用辩证的思维来认识自己的工作，认识自己的行为，认识单位的经营，树立科学的发展观，这才是我们的目的。

企业管理方法论

第四章 国企党的建设

METHODOLOGY OF ENTERPRISE MANAGEMENT

党支部工作极其重要

党支部工作的重要性来自政权巩固的重要性。党支部是党的最基层组织，是党的组织基础。在中国，政权的巩固，离不开加强党支部建设。党支部工作的重要性还来自思想政治工作的重要性。企业是经济组织，人是生产力中起决定作用的重要因素。企业竞争归根结底是人的竞争，人的素质的竞争。离开人，所有劳动对象、劳动工具都失去了意义。企业发展的根本动力就在于广大职工的奋发向上，而这离不开强有力的思想政治工作。在目前形势下，做好党支部工作，需要多方面的努力。党支部书记首先必须坚定信心。无论怎么改革，党支部工作，思想政治工作，都只能加强，不能削弱。

做好党支部工作，最重要最紧迫的就是要引导广大干部职工统一思想、振奋精神。当前的困难一是任务不足，二是资金短缺，主要来自宏观调控的影响。困难面前，我们必须通过深入细致的思想政治工作，引导广大职工树立信心，增强忧患意识，增强危机感和紧迫感，进而解放思想，转变观念，眼睛向外，勇于竞争。

党支部书记当前的主要任务，就是围绕企业生产经营的难点和重点，抓主要矛盾，抓关键问题。一是要关心任务的招投标，发动广大职工提供信息，寻找活源，承揽任务。二是动员、带领广大职工干好在施工程，重质量，保工期，求信誉。三是与行政领导一起，研究如何合理组织生产，如何实现生产力诸要素的最佳组合，如何使职工积极性得以最大限度的调动和发挥，做到降低成本，提高效益。四是认真学习生产经营业务，即使成不了行家，也不要当外行。与此同时，还要有步骤地实行交叉任职。交叉任职，有利于做党务工作的同志了解生产经营和各项业务，有利于培养复合型干部，有利于党政心往一处想，有利于党支部的团结凝聚。党支部工作的重点，就是保证生产经营的顺利进行和企业的健康发展。生产经营搞好了，职工满意了，党组织的保证作用、党的工作也就尽在其中了。

高度重视企业的调研工作

毛泽东同志有句名言:“没有调查，就没有发言权。”一语概括了调查研究工作的重要性。我们党是信仰唯物主义的，强调“存在决定意识”，强调物质是第一性的，意识是第二性的。

历史表明，调查研究是我们党的重要领导方法之一。作为一级党委，对自己掌管的工作不了解，情况若明若暗，就不可能有明确的工作指导思想。因此，搞好调查研究是我们做好工作最基本的前提。具体到我们企业，生产经营的客观存在是第一性的，我们的主观意识是第二性的。要想搞好企业的生产经营，好的经营思路、好的经营方法从哪里来呢？只有下苦功夫，去调查、去研究。

那么，如何发挥调研工作“谋事之基，成事之道”的作用？

第一，要在思想上真正认识到调查研究工作的重要性。调查研究是我们共产党人最基本的工作方法，也是唯物主义者认识事物最基本的途径。不做调查研究，我们怎么发表意见呢？作为一级党委，调查研究是实施领导权力的最基本的前提，要从思想上克服“自己身在基层，单位情况门清，没必要再搞调查研究”的片面认识。虽然你天天工作在基层，但是你对某些问题未必做过认真的研究，更没有对这些问题做深入细致的分析，遇到这方面的问题，往往“只知其然，不知其所以然”，就难免靠拍脑袋办事，结果只能是别人怎么说，你就怎么干。这样，你怎么会有工作的主动权呢？拿我们国有企业来说，要下决心对生产经营中的一些重大问题进行深入细致的调查研究，拿到第一手材料，才能拿出解决问题的措施。另外，要搞好调查研究，还应当克服怕得罪人的思想。调查研究要切中时弊，对待敏感问题，不能绕圈子，不能怕得罪人，克服思想上的这些障碍，才能调查出一些真实问题，才能涉及企业生产经营中的一些重大问题。还有的同志“揣着明白装糊涂”，得过且过，有问题愿意私下说，不愿意拿到会上说，不愿意讲真话。结果是今年讲这个问题，明年还讲同样的问题。很要不得。

第二，要把调查研究工作纳入党委工作议事日程，作为党委工作的一个重要组成部分，紧紧围绕企业生产经营的实际开展调查研究。要抓住当前的主要矛盾、主要问题搞好调查研究。我们生产经营中还有一些亟待解决的问题，像少数单位、少数系统的管理层次不清、责任不明。如果出现问题要追究责任，都找不到责任人。住宅五公司关于对项目管理的调查报告，通过对公司项目经营管理办公室管辖的项目和各分公司管辖的项目作比较，指出分公司管辖的项目寻找任务缺乏紧迫感，经营核算存在依附性，而公司项目经营管理办公室直管的项目寻找任务具有强烈的渴求性，经营核算具有节俭性，在市场经济中具有适应性，多年的运作形成了一套规范的管理模式。这篇调查报告通过对比，分析了项目管理两种模式的利弊，很有价值。我们的调查研究就应当这样针对企业存在的关键问题，结合企业生产经营的实际，提出解决问题的办法。

第三，搞好调查研究必须要有自我牺牲的精神，要有原则精神，要有党性。写出针砭时弊的调查报告是要有些勇气的。没有勇气就不敢暴露问题。因为暴露问题、指出弊端，在某种程度上会得罪人。所以说，调查研究工作没有党性原则，没有点勇气和牺牲精神，是不能反映真实情况的，更谈不上解决存在的问题。因此，要求各级领导在搞调查研究时，必须坚持党性原则。必须认识到，反映问题是从企业的利益出发，并不是针对某个人，而是对集团全体职工负责任。

第四，要把调研成果的转化工作，摆到十分重要的位置。延安整风时，毛泽东同志曾告诫党内的同志不能像“墙上芦苇，头重脚轻根底浅；山间竹笋，嘴尖皮厚腹中空”。“天桥把式，光说不练”是不行的。调研成果能不能转化为扎扎实实具有可操作性的工作措施，能不能转化为生产力，这是各级党委抓调研工作的目的所在。找到问题，是万里长征的第一步，重要的是如何解决这个问题。现在的问题是，裁判员多、评论员多，而运动员少，可是成绩是运动员拼搏出来的，不是评论出来的。所以，必须抓好调研成果的转化，否则，各级党委花费大量的人力、物力搞调查研究有什么作用？只有将调研成果转化为解决问题的措施和办法，并且落到实处，才能推动企业不断做强做大。

企业形象宣传要讲科学讲艺术

施工现场形象宣传，是施工企业整体形象宣传的一个重要方面，我们要充分认识施工现场形象宣传工作的必要性。

搞好施工现场形象宣传，是社会主义市场经济对建筑施工企业的客观要求，在一定意义上直接影响着企业的生存和发展，绝不是可有可无。施工现场形象宣传反映了企业整体水平、综合实力、精神面貌等各个方面，它是施工企业树形象、打品牌、创信誉的重要途径。施工现场形象宣传还是教育、组织、发动、激励职工实现生产目标和完成施工任务的有效手段。因此，单位“一把手”必须重视施工现场形象宣传，层层领导、层层负责，全方位落实。

施工现场形象宣传要舍得投入，该花的钱必须花，有投入才能有产出，才能形成良性循环。施工现场形象宣传要破除“酒香不怕巷子深”的传统观念，克服“现场宣传是搞‘形式主义’”，既劳民又伤财等思想障碍，树立起施工现场形象宣传是“花小钱做大广告”“良好的形象是集团丰厚的无形资产”的市场经济意识。

施工现场形象宣传应有明确的总体要求，统一规范，注重特色，讲究艺术，逐步实现施工现场形象宣传的科学化、规范化、艺术化。为此，要坚持以下原则：①一切从实际出发因地制宜原则。②既舍得投入又讲求少花钱多办事原则。③内容、形式、效果三统一原则，做到门楼大方、色彩鲜亮、图牌整齐、口号提气。④既规范又灵活，大的方面统一，非基本方面放开，允许独特创新原则。⑤不求大小一致，但求按统一标准成比例放大与缩小，与建筑物相协调原则。在上述原则指导下，门楼可以在样式、材质、门标、字体、色彩方面统一，但大小可根据标准要求成比例放大或缩小；一图七牌中的七牌，在内容、字体、色彩、材质、规格方面统一，平面图的绘制可根据工程实际进行；围墙两侧标语在内容、字体、色彩方面统一，围墙高矮在不低于基本要求下灵活掌握；阅报栏在规格、式样、材质方面统一，位置可灵活设置于职工经常活动的地点。

总之，要把施工现场形象宣传纳入集团整体形象宣传总体规划，统一领导，统一部署。要组织专业人员，建立起一整套高标准的企业形象识别标识，不仅施工现场，集团的所有办公楼、建筑物、构筑物、汽车、印刷品、名片等物品，都应成为企业形象宣传的载体，从而树立住总集团良好的产品形象、环境形象、高素质员工形象和企业社会形象。

党委工作要为企业经营保驾护航

进一步解放思想，拓宽经营思路

要把解放思想、更新观念、拓宽经营思路列为“一号工程”，重点把握解放思想、实事求是这个精髓和社会主义本质论、改革论、发展论、市场经济论、“三个有利于”标准论等基本观点，重点理解社会主义初级阶段的基本路线和纲领、经济体制改革和经济发展战略，特别是联系实际，深刻领会所有制结构、公有制的多种实现形式、非公有制经济是社会主义市场经济的重要组成部分、按劳分配与按生产要素分配相结合等重要论断。

通过学习，要彻底破除在所有制认识上“一大二公”的陈旧观念，树立“公有制的实现形式可以而且应当多样化”的新观念，努力寻找能够极大促进生产力发展的所有制实现形式和调动职工群众积极性的分配方式，加快集团改革的步伐；破除计划经济条件下形成的“等靠要”思想，增强竞争意识，积极走向市场揽任务；破除自然经济、小生产习惯势力影响下形成的“小富即安”“小而全”“万事不求人”的观念和经营方式，树立“小进即退、不进则亡”的忧患意识和争创一流的雄心壮志；破除因循守旧、墨守成规的思维方式，在竞争中增强危机感和风险意识，抓住机遇发展自己。

要用辩证的观点分析和认识企业的内外环境，既要克服盲目乐观的思想，更要克服盲目悲观的埋怨情绪，统一认识，振奋精神。充分认识只有适应市场，走向市场，扩大市场占有份额，才能在竞争中求得生存和发展。在巩固原有市场的前提下，把视野扩大到中央各部门。要走出京门找市场，竞争海外市场，立足北京，走向世界，寻求新的经济增长点。

加强领导班子建设，提高管理干部素质

企业能否搞好的关键在于班子。有了好班子，差的企业能搞好，而班子不好，好的企业同样能被搞垮。为此，要在加强领导班子建设、提高管理干部素质上下功夫。

一是继续加强思想理论建设。各级领导干部要自觉学习党的理论，提高贯彻执行党的路线、方针、政策的自觉性和政治上的敏锐感，树立正确的世界观、人生观、价值观，在思想上同党中央保持一致。

二是加强组织建设。要坚持党管干部的原则，坚持考核制度。各级党组织要加强对业务系统干部队伍建设的领导，支持业务系统的领导履行职务、行使职权，特别是支持三总师的工作，支持总工程师在质量、技术问题上的决定权。要逐步健全科学的考察制度，把定性考察转向定量考察，把领导干部任职期间各项经济

技术指标的完成情况、企业改革发展状况、职工群众的满意程度，作为干部考察的主要标准。各级领导班子要保持相对稳定，尽量做到多换思想少换人，要把增强团结，特别是党政主要领导的团结作为组织建设的重点，正职要多与副职沟通，支持他们的工作，关心他们的思想、工作和生活。

三是加强作风建设。首先是落实领导班子思想作风建设的各项制度，结合集团实际，重点落实《党委会、常委会议事制度》，加强民主集中制建设；落实《同领导干部谈话制度》，加强沟通，促进团结；落实《职工民主监督制度》，加强干部的勤政廉政建设，做到“有法必依”“有纪必遵”。其次是爱岗敬业，要有崇高的事业心和责任感，公道正派，意志坚强，胸怀豁达，理解他人，特别要强调团结合作，努力创造一种融洽、和谐的气氛，使大家自由地发表意见，集思广益。最后是艰苦奋斗，勤俭办企业，少说空话，多做实事。领导干部必须到现场、到项目解决问题；两级机关要转变作风，深入现场、项目调查研究，满腔热情地帮助基层解决生产经营中的困难和问题。

四是改革干部任用、管理制度。市场经济的资源配置也包括人才、人力资源的合理配置。要逐步改革现有的干部管理制度，试行党政领导交叉任职，有条件的党政主要领导一人担任，培养合格的复合型人才；要公开招聘部分管理干部，以“本人申请干，群众同意干，领导批准干”为原则，采取竞争上岗的方式；要逐步取消领导干部行政级别，按经营规模和经营效果确定分配水平；要加大干部交流的力度，形成能上能下、富有生机和活力的干部管理机制。

五是加强青年干部的培养工作。各级党政领导对青年干部的培养要切实重视起来，要努力扩大选人的视野和渠道，不搞求全责备。要加强人才培养的目标性，对不同素质、不同岗位、不同专业的人才要有不同的培养途径和方式，放在不同岗位、层次上锻炼，强化培养教育。各单位可适当增设各级助理岗位，让青年人见习锻炼，后备干部也可以在单位之间进行交流。两级机关要推行青年干部代职锻炼制度，实行机关干部与基层干部交流换岗的制度。

进一步加强党风廉政建设

1. 党风廉政建设要坚持党委统一领导，党政齐抓共管，纪委组织协调，部门各负其责，依靠群众支持和参与的工作格局，同企业的生产经营和业务工作统一部署，统一检查，统一考核。

2. 坚持不懈地抓好领导干部的廉洁自律工作。要制定落实各项规定的实施细则和具有可操作性的标准，并加强监督检查，要把党风廉政责任制的落实情况，作为对领导班子、领导干部考核的重要内容和生活会对照检查的重要内容，使领导干部明确自己的党风廉政责任，对主管单位、部门和业务工作中的廉洁情况切实负起责任。

3. 加大案件查处的力度。查处工作的任务很重，难度也很大，各级党政领导要对案件查处给予重视和支持。要按照党的有关政策方针，“三个有利于”的标准和党纪条规，指导案件查处工作。要保护勇于开拓进取的干部；帮助、挽救在工作中有这样那样缺点和失误的干部；对顶风违纪，严重触犯党纪、法纪的，必须严肃处理。

4. 强化监督制约机制，加强效能监察的力度。强化监督要着力抓好两个方面的工作：一是加强党委内部的监督和纪委的监督，要认真执行民主集中制原则，规范执行民主集中制的程序，坚持集体领导；二是加强企业内部规章制度的建设。各系统、各部门、各单位要围绕企业生产经营和改革的实际，针对管理中存在的薄弱环节和漏洞，建立和完善规章制度，做到既有利于促进生产经营的发展，改革的顺利进行；又能使权力受到有效的制约，消除腐败产生的条件。三是加大效能监察的力度，纪委和监察实行“一套人马，两块牌子”的工作体制，把抓廉政同抓勤政有机结合起来。

发挥基层党支部的战斗堡垒作用

一是党的基层工作要落实到项目上。项目和栋号是生产和效益的最终实现单位，各单位在两层分离、组织结构调整中，党的组织要与生产经营组织同步建立，尤其是实行项目管理的单位。要选派政治素质高，思想修养好、有工作经验和驾驭能力的党员担任支部书记。

二是发挥党员的先锋模范作用。一名党员就是一面旗帜。新时期共产党员的先锋模范作用集中体现在带领群众艰苦奋斗、完成生产经营任务和投身改革上。要教育党员在改革中经受考验，树立自信、自强、奉献的精神，无论在何种所有制单位工作，都要接受组织的严格管理。

三是加强基层干部管理。党支部要督促检查管理人员的工作，要求管理人员到现场、到项目、到生产岗位，确实负起职务规定的责任，发扬艰苦奋斗、勤俭办企业的精神，脚踏实地地搞好生产经营。

全心全意依靠职工办企业

职工是企业改革和建设的主体。只有充分依靠职工，调动职工群众的积极性，企业的发展才有基础。要加强党对工会、共青团工作的领导，发挥群众组织的桥梁纽带作用，发挥职代会的参与、评议、监督作用，签订和履行集体合同；要继续搞好企业的民主管理，发动群众参与管理，提合理化建议，解决生产经营中的困难；要发动群众提供信息，拓宽任务来源；组织好职工和青年突击队的劳动竞赛，进一步改善和强化基础管理，降低成本，提高效益；要积极发动和鼓励职工群众、青年团员组建适合企业发展、有市场潜力的股份合作制企业。

依靠职工做好稳定工作。在企业转轨，结构调整力度加大的形势下，职工暂时下岗是不可避免的，解决这一问题也要依靠全体职工，各级党政领导要把稳定工作放在重要议程，要知道职工群众在想什么、在转岗就业问题上有什么愿望和要求、家庭和生活状况怎么样。尽心尽力地为群众排忧解难，工会组织要发挥协调作用，及时维护职工的合法权益，避免矛盾的尖锐和激化。同时要树立发展生产是稳定的根本措施的思想，积极沟通，广开渠道，搞好转岗培训，提高职工再就业的能力，妥善安置下岗职工，让职工群众成为改革的受益者。春节期间，各单位党政工团要做好送温暖工作，所需要的资金要予以保证。

公司经理要懂得宣传要善于宣传

作为公司经理，不会宣传、不懂宣传、不善宣传，就称不上是成功的经理。为什么呢？道理很简单，你推出的改革方案再好，群众不理解不接受，你的改革就推不动，更不可能成功。你经营的企业再好，社会对你不了解，最后还是成不了有社会影响力的企业。所以说，宣传工作是保证我们生产经营乃至推动企业发展壮大的一项非常重要的工作，不但做党委工作的同志要重视宣传工作，当经理的同志对宣传工作也万万轻视不得。

要重点抓好用科学理论来武装我们的干部，尤其是领导干部的头脑，我们的领导干部学会应从理论深度考虑现实问题。我为什么要特别强调这样一个问题呢？列宁同志讲过，没有革命的理论就没有革命的行动。毛泽东同志在红军时期就反复强调掌握革命理论的重要性。对于我们来讲，想让企业有一个重大的飞跃，有大的发展，不能只凭感觉、论经验，从感觉上、从经验上考虑问题是远远不够的，这只能是头疼医头，脚疼医脚。一个企业是这样，一个国家也是这样。我们回过头来想一想，在重大的历史关头，没有正确的革命理论指导，我们就会走弯路。要用正确的理论，科学的理论来武装我们的队伍，武装全体员工，这是当务之急。要使我们的各级领导干部、各级管理干部在思想理论建设上真正上一个台阶。

要认真加强对宣传工作的领导，提高宣传工作的艺术性。宣传工作历来是我们党的工作的重要方面，缺少强有力的宣传工作，我们党的路线、方针、政策就很难得到推行。党中央曾提出要用正确的舆论引导人，用科学的理论武装人。我们现在回过头来看，假如各种错误的思潮泛滥，那么我们党的工作、我们整个国家的工作就没法进行，所以要加强对宣传工作的领导。

各级党政领导尤其是一把手要重视宣传工作。如果领导不重视，不把宣传工作放在应有的位置上，认为可有可无，那么我们的宣传工作就不好做了。我们的领导要投入精力去研究这个问题。另外，除领导重视外，要充分发挥业务部门的作用，要确实把我们的宣传部门放在应有的位置上。

宣传工作是党的喉舌，是我们党的意识形态的统帅部门，思想工作的统帅部门，我们的工作必须要有一定的人员和一定的投入。最后，宣传工作是一门科学，要提高宣传工作的水平。怎样提高宣传工作的水平呢？拿演讲作比方，一篇精彩的演讲可以把大家的积极性调动起来，令人群情激奋；如果讲得不好，也可能让人家哭笑不得。同样，日常思想教育也有宣传教育的艺术性，我们要孜孜不倦地去研究、追求，不断提高我们宣传工作的水平。

要加强宣传工作的超前性。舆论不能落后于形势，群众在干，我们不能做群众的尾巴。宣传干部本身要率先解放思想，更新观念，要有政治敏锐性，否则，你怎么做到超前呢？企业的宣传工作一定要走在生产经营的前面，要有扎扎实实的功夫。

要加强宣传工作的群众性。宣传工作不是少数人的事，要发动群众，依靠群众，特别是行政领导要学会做宣传思想工作。我为什么要强调群众性呢？为什么要强调行政领导做宣传思想工作呢？因为宣传工作本身就是武装群众，就是统一思想，宣传工作的对象是人，所以宣传工作要有群众性，要发动群众。在工作机制上，要专兼结合，专群结合，在普及的基础上提高。二级单位要建立信息网络，建立宣传网络，上通集团，下达班组，每个班组都要设信息报告员，把群众组织建立起来。光靠宣传部的同志写稿子是不够的。机关科室、基层项目部甚至班组，都要有宣传员、信息员，队伍壮大起来了，浩浩荡荡地，工作就好干了。现在的情况是，宣传部门老跳光杆舞，这不符合社会主义大生产原则。只要建立起纵向到底、横向到边的信息网络和新闻报道网络，我们的工作一定会有声有色。

要加强宣传工作的战斗性。思想政治工作要有战斗性，宣传工作更要有战斗性。如果我们对提倡什么反对什么含含糊糊，就永远不能武装群众、动员群众。你自己都含糊说不清，怎么让群众跟我们走？提倡战斗性，就是要讲原则，要旗帜鲜明。江总书记就讲过要“讲学习、讲政治、讲正气”，如果不讲学习，不讲正气，在一些重要原则上是非不分，讲一些没有原则的话，正气不能上扬和弘扬，歪风邪气满天飞，怎么行呢？我们的宣传工作要旗帜鲜明地批判和揭露错误、丑陋的东西。

要提高宣传干部的素质。宣传干部一定要把提高自身素质作为长期的任务，要注意学习。宣传干部如果成不了专家，至少也应该是个杂家，天文地理都要懂一点。要坚持不懈地学习，一是学习马克思主义理论特别是马克思主义哲学，学会辩证地看问题、解决问题。二是学习企业的生产经营知识，学习现代企业管理理论。

坚持不懈地抓好党风廉政建设

反腐败斗争绝不是单纯的经济斗争，而是严重的政治斗争，深刻地揭示了反腐败工作的政治本质。企业虽然不同于党政机关，有其自身特点，但加强党风廉政建设和反腐败任务是明确的、一致的，也是毫无疑义的。国有企业每个党员干部特别是领导干部，对此都有着义不容辞的政治责任，坚定不移地抓好反腐倡廉工作，加强党风廉政建设。

经济建设是当前压倒一切的中心。党风廉政建设和反腐败斗争必须服从和服务于经济建设这个中心，既不能干扰和冲击这个中心，也不能游离于这个中心。我们一定要从思想上搞清，在工作中摆正，无论遇到什么困难或复杂情况，都能正确处理好经济建设同党风廉政建设的关系，而决不能形成一手硬一手软，更不能将二者对立起来。每个领导干部务必要牢固确立以经济建设为中心的指导思想，自觉克服各种片面认识或错误观点，坚定不移地贯彻“两手抓、两手都要硬”的方针，做到企业生产经营工作和党风廉政工作同部署、同要求、同落实、同检查、同奖惩。

“党委统一领导，党政齐抓共管，纪委组织协调，部门各负其责，依靠群众支持和参与”的领导体制和工作机制，体现了党的领导，明确了行政领导、纪委、各相关部门的职责，反映了人民群众的作用，是新时期反腐败斗争中党的领导和群众路线的体现。领导干部一定要强化“一岗双责”意识，既要保质保量地完成所承担的生产经营及其他本职业务工作，又要按照反腐败领导体制和工作机制的要求，严格履行党风廉政建设责任制所规定的责任。

要坚决贯彻落实加强从源头上预防和治理腐败的要求，坚定不移地坚持标本兼治，综合治理，从源头上预防和治理腐败，并将这项工作作为一个系统工程来抓。各单位要经常分析本单位党风廉政状况，针对那些易发或可能发生的新问题，从强化教育，强化监督，健全体制、机制和加强管理入手，铲除滋生腐败的土壤，积极营造领导干部不想腐败、不能腐败和不敢腐败的良好氛围。

要进一步加强领导班子思想政治建设。每个领导干部都要想一想初心是什么、现在当干部应该做什么、将来身后又应该留点什么。只有真正把这些问题想清楚，做出准确的回答，才能在工作和生活中一身正气，两袖清风，自觉抵制消极腐败现象的影响。各级党组织要切实把加强领导班子思想政治建设摆在重中之重的位置，引导每个同志在改革和建设的实践中提高党性修养，锻炼意志品质，保持高尚的道德情操和共产党人的高风亮节。

第一，充分认识反腐倡廉工作的重要性，增强抓好党风廉政建设的自觉性。

我们党作为执政党，不抓反腐倡廉行不行？不加强党风廉政建设行不行？同志们一定要站在事关党和国家生死存亡的高度充分认识开展反腐败斗争和加强党风廉政建设的极端重要性。在市场经济新形势的考验面前，如果我们忽视反腐倡廉工作，任奢侈浪费、以权谋私甚至贪占腐化、违法违纪行为存在，那么，群众会怎么看我们的党，怎么看我们党的干部？试想，若一个单位的领导班子没有了正风正气，失去了改革和生产经营发展的良好政治保障，还怎么能带领职工群众闯低谷、渡难关？！

党组织培养一个干部是很不容易的，如果不讲学习，忽视党风廉政建设，放弃世界观的改造，动摇了共产党人的理想、信念和根本宗旨，削弱了思想道德防线，那么迟早是要出问题的。有的领导干部过去曾经做过不少有益的工作，现在又正处于年富力强的时候，本应干一番事业，多为党和人民做些贡献。然而，却经受不住市场经济新形势的考验，个人私欲逐步膨胀，越滑越远，越陷越深，从违规违纪直至走上违法犯罪的道路，结果毁了自己的政治生命，不仅使企业受到影响，也伤害了家人和子女。

深刻教训警示我们：越是改革开放，越是发展社会主义市场经济，作为党员干部特别是领导干部，对政治理论的学习和世界观的改造一时一刻都不能放松；自身的廉洁自律意识、法制观念和组织纪律性一时一刻都不能放松；企业反腐倡廉工作和党风廉政建设一时一刻都不能放松。

第二，坚持党风廉政建设要服从和服务于经济建设的指导思想，突出重点，狠抓落实。

各级党委、各单位一定要坚持党风廉政建设服从和服务于经济建设的指导思想，各级纪检监察部门要紧紧以企业的改革和生产经营工作为中心，做到围绕中心、保证中心、服务中心，贴近、渗透企业生产经营管理，把党风廉政建设的有关制度规定同企业的各项管理制度有机地结合起来，在参与中监督，在监督中搞好服务。

要突出工作重点，继续深入扎实地抓好党风廉政建设责任制的贯彻执行，并作为一项政治纪律加以明确，加强检查监督，加大责任追究力度；继续抓好领导干部廉洁自律，严格执行中纪委关于国有企业领导人员的五项廉政规定及相关廉政制度，开好领导班子专题民主生活会，使各级领导干部自觉遵纪守法，在干部群众中树立良好的形象。

要继续加大查处案件，特别是查处大、要案的力度，对于极少数置党风廉政教育于耳旁风，置党纪政纪于脑后，置国家、企业和职工根本利益于不顾，利用职务或工作之便牟取私利，贪污受贿、腐化堕落，侵吞国有资产，或因工作失职、渎职给企业造成重大损失的案件，要坚决查处，以扶正祛邪，保护国有资产和企业利益不受损失，切实维护党纪政纪的严肃性；继续抓好企业效能监察工作，督促各级领导干部勤政务实、履职尽责，落实规章，堵塞漏洞，为加强企业管理，提高经济效益，保证全年任务完成，提供纪律支持，发挥纪检监察部门的保驾护航作用。

第三，注重从源头抓起，坚持标本兼治、重在治本、在力求防范上下功夫。

“立足防范，加强监督，经常提醒，勤打招呼，注重违规问题早发现，力求违法违纪案件少发生”，这是企业反腐倡廉工作的治本之策，也是对各级领导干部在政治上最大的关心和爱护。抓住源头、治本防范，要逐步建立起规范的运行机制和健全的保证措施。各级党委、各单位、各级纪检监察部门要积极实践，不断探索，找出规律，取得实效。

一是要在强化教育上下功夫。坚持教育从严，把党风廉政教育贯穿于反腐败斗争全过程。要分层次、多形式、有重点、有针对性地对广大党员干部，特别是领导干部开展党纪条规教育、法制教育、正反典型教育，尤其是要运用典型案例抓好警示教育。

二是要在强化监督管理上下功夫。依靠制度建设规范领导干部的行为，加强对各级领导干部的严格要求，严格管理，严格监督。要认真严肃地抓好“三重一大”制度的贯彻执行，对企业重大决策的决定、重要项目的安排、重要人事任免和大额度资金的使用，必须严格按程序办事，实行集体讨论，坚持民主决策、科学决策，严禁个人或少数人暗箱操作，独断专行；各单位、组织的人事、财务、审计等职能部门要制定或完善相应制度，拿出具体措施；各级纪检监察部门要对此进行专项执纪检查，以保证企业在用人、重大项目的决策、大额度资金使用等关键环节有章可循，有规可依，违章违规必纠，防范违法违纪案件发生。

三是要在深化改革、预防和治理腐败上下功夫。各单位要结合企业改制工作的不断深化，加快现代企业制度建设，完善法人治理结构，抓紧研究制定董事会、经理办公会、监事会和股东大会议事规则及相应制度，从健全体制、法制、机制和加强管理入手，铲除滋生腐败的土壤，保证企业改制和各项工作的健康运行。

第四，要切实加强对党风廉政建设和反腐倡廉工作的领导。各级党委、各单位必须明确，抓企业党风廉政建设和反腐败工作决不仅仅是纪检监察部门的事，而是全党的大事，是党政工团的共同责任。特别是党政一把手处于第一责任人的位置。每个领导干部和相关责任部门，尤其是行政领导都对此承担着义不容辞的职责。

各级党政领导要全力支持纪检监察部门开展工作，为纪检监察干部排忧解难，在查处案件中为他们及时清除各种障碍，提供必要的物质支持，创造良好的工作环境；各级党委、纪委要从政治上、工作上和生活上关心爱护我们的领导干部，针对企业改革工作的不断深化，进一步明确领导干部的责权利，制定合理的分配政策，建立科学的激励机制。使领导干部根据责任大小和实际政绩状况，做到该拿的一定能拿到，不该拿的切莫装错兜。

总之，加强领导不是一句空话，必须确保认识到位，责任到位，措施到位，工作到位。

把人心凝聚到企业发展上来

要进一步加强和改善党的工作，着力提高干部队伍素质。企业的竞争归根结底是人才的竞争。有没有一支高素质的人才队伍，关系到企业的生死存亡。所以，加强和改善党的工作，建设一支高素质的干部队伍，是一项非常重要的任务。

第一，要加强思想政治工作，调动一切积极因素。现在，市场形势日趋严峻，企业综合实力的竞争非常激烈。综合实力靠什么？生产力构成中有三大要素，马克思说人是生产力中起决定作用的要素。所以，提高劳动者素质，是我们增强竞争能力的当务之急。同时，我们还要充分利用老领导、老同志的经验资源，经常听听他们对我们企业未来发展的意见和建议。这些老领导、老同志都曾为我们集团的发展立下过汗马功劳，付出了毕生的心血，他们对这个企业的热爱程度和熟悉程度不亚于我们在职工作的同志。我们可以请一些身体条件好的老同志，就企业发展的重大问题开展专题调查研究，给我们决策提供一些参考意见。

调动各个方面的积极性，需要我们进一步加强和改进党的思想政治工作，要把思想政治工作做到每个职工的心坎上。比如我们宣传贯彻集团工作会议精神，是不是做到了每一位干部职工对今年的工作报告精神都了解了呢？我们的思想教育要纵向到底，横向到边。否则，我们的思想政治工作就只能浮在表面。调动各方面的积极因素，还有一个化解各方面消极因素的问题。现在消极因素还不少，一方面少数干部精神状态不那么好，对企业未来的发展还缺乏信心。另一方面由于改制大量减员分流，还有少数同志对下岗分流不能理解。特别是相当一部分同志不适应当前激烈竞争的市场，需要我们积极去做工作，化解矛盾。不少同志已在集团干了十几年、几十年，国有企业这个饭碗是我们这些同志赖以生存的依靠。一旦下岗，他们能到哪里去，以什么样的手段谋生呢？这就要求我们在加强思想政治工作的同时，设身处地地为这部分同志着想，为他们创造再就业机会。这本身就是化消极因素为积极因素。

第二，要加快干部队伍建设。有职工说，只有无能的领导班子，没有无能的群众。有的领导对此很不以为然，认为市场无序造成了企业的困难。毛主席讲过，只有落后的领导，没有落后的群众。我们这个大企业就像一艘大船，你说是船长重要，舵手重要，还是某一个水兵重要？肯定是船长、舵手重要。船长要是迷失方向，船再大、续航能力再强，最终还是到达不了预定的彼岸。所以，领导班子和领导干部队伍建设是非常重要的。

要创造一个宽松的环境，要有利于发现人才，选拔人才，任用人才，让大批合格的人才走上合适的领导岗位，这是当务之急。另外，就是加强对人才的培训。中央领导人日理万机，工作很忙，都能抽出时间听专家讲课，接受新知识，我们需要补充的东西就更多了。希望宣传部门有计划、有步骤，至少每个月能组织一次，花半天时间，冷静下来听专家学者讲课，开阔一下我们的工作思路。

各级领导干部和党群部门的同志要带个头，利用好自己的业余时间。日本的土光敏夫说过，人的先天没有什么差别，现代科学技术研究也证明，关键是在后天，后天业余的时间怎么利用。组织上安排的讲课只是提供一种机会，关键靠我们自己去学习。横向比较，当代社会知识更新的速度飞快，西方国家早就实行终身教育，我们必须提高对学习、对更新知识的重要性的认识。

第三，必须加强企业的宣传工作。企业的宣传工作对于凝聚人心，振奋人心，树立企业良好的社会形象都是不可或缺的。各级党委要加强对宣传工作的领导，特别是改制企业。《中共中央关于加强国有大中型企业党的建设》文件明确规定，企业不论怎么改革，组、宣、纪的格局一般不要变。有人认为，企业有管理就行了，还要什么思想政治工作？这是一种误区。

我们研究资本主义 300 多年的发展历史，以及管理科学 100 多年的历史，从泰勒制到今天，哪一本管理科学方面的书不涉及思想工作？泰勒制把人叫作经济人、经济动物，行为科学依据需求层次论将人进行划分，现代资本主义的管理科学认为要以人为本。美国通用电器公司的管理，最根本的一条就是重视人，总裁可以跟每个职工对话，给职工写信。我们要改进宣传教育工作的方法，不能用老一套来解决新问题，要创新。现在网络那么发达，传播速度那么快，一旦发生事情，短时间内网上就能看到了，如果还采取先党内后党外，先领导后干部就来不及了。要创造宣传教育工作的新方法新途径，要把集团公司的声音、决策和领导意图转化为每一个干部职工的自觉行动，变为现实的生产力，这一点很重要。

第四，党的工作、思想政治工作一定要围绕企业的生产经营来做，要有利于企业生产经营的开展，不能脱离企业的生产经营。全党都以经济建设为中心，企业是国民经济的细胞。要以生产力标准来衡量我们的党建工作，衡量我们的思想政治工作。我们到基层进行考察，不光看一个人教育提纲编写得怎么样，更要看实际效果。我们检验组织工作，就看这个人是不是把最优秀的干部选拔到最合适的工作岗位上了，是不是做到人尽其才，才尽其用了。

组织部门要定期（比如一年两次）讲评干部，对好的干部给予表扬，对不好的现象提出批评教育，这也是关心、爱护干部。提倡什么，反对什么，要旗帜鲜明，我们的干部队伍建设才有方向，才有目标。

第五，就是加强政工干部队伍的自身建设。党群政工部门不能成为每次改革的对象，一说精简机构就有党群政工部门。要对党群政工部门的同志进行企业管理业务培训，帮助他们熟悉企业的生产经营。政工干部学一点企业管理方面的基本常识、学一点经营业务，也是培养复合型干部的重要方面。如果政工干部对生产经营都很熟悉了，我们就有发言权了。先有为后有位。这话说得好，你没作为，有你也行，没你也行，你这个政工干部就很难取得合理的位置。有的公司在改革过程中，抢着要宣传干部，这就说明那里的宣传干部真正有为了，行政领导认为离了你还真不行。

打造适应市场经济的党员领导干部队伍

“政治路线确定之后，干部就是决定的因素”。毛泽东同志的这句至理名言从来没有过时过。大到国家，小到企业，都是这个理。

提高领导干部素质事关企业存亡

国有大型企业集团的领导干部素质的高低，决定了集团未来的生死存亡。办好中国的事情关键在党，关键在人。建设一支适应社会主义现代化建设需要的高素质的干部队伍，是我们事业不断取得成功的关键。因此，企业领导干部的素质关系到企业的兴衰荣辱，我们如何在市场竞争中生存和发展，归根结底取决于各级领导干部的素质，提高各级领导干部的素质无疑是当前最紧迫的问题。

不断变化的企业环境，迫切需要提高领导干部的整体素质。我们企业面临的外部环境每天都在发生着剧烈的变化，首要的就是企业面临的竞争环境越来越严酷。往前推五年，施工任务绝大多数是由行政下达的，而现在 90%以上需要通过市场竞争赢得。一个任务盯了两三年，开标只是一瞬间的事情，成败也就在这一瞬间。有句很形象的话描述如今的建筑承包商，叫作“出门就磕头，上桌就做东”。市场环境变了，所以对企业领导干部的素质要求更高了。计划经济条件下企业就是政府的工厂，上级把活儿给你，你把它干好就成了。市场经济要求企业领导干部不光会谈判，还要会推销自己的企业；还要制作像样的标书，报出合理的价格；任务拿到手，还必须文明施工，因为今天的文明现场就是明天的市场。

业主要求越来越高，迫切需要提高领导干部的素质。如果五年前按图施工就可以了，现在业主的要求苛刻到了我们难以承受的地步：工期越短越好，甚至超过了合理的工期要求；质量要求越来越高；成本要求越低越好，低得难以接受。如果说我们各级领导干部的综合素质达不到这样的要求，满足不了客户的需要，我们的企业就会在市场竞争中被淘汰。

市场越来越规范，迫切需要提高领导干部的自身素质。作为法人主体，在市场经济条件下从事经营活动，必须符合法律，遵守规则。谁犯规，谁受罚。大多数干部对国家法律法规学习掌握得比较好，但也有少数干部犯规受罚。随着市场经济的发展，法律法规越来越健全，对领导干部的素质要求越来越高。

建立现代企业制度，迫切需要提高领导干部的自身素质。从社会主义计划经济到社会主义市场经济，是一场重大的社会变革。在社会主义市场经济条件下，一切资源都要通过市场来配置，这是根本性的变化。在市场经济条件下，企业要想方设法扩大自己的经营范围。同时，要顺应市场将原来的国有独资公司改造成有限责任公司，建立现代企业制度，等等。可是我们缺乏现代企业知识，缺乏有关现代企业制度的系统培训。董事会怎么运作，经理层怎么运作，监事会怎么运作，我们没有这方面的知识和经历。

破解企业经营和管理难题，迫切需要提高领导干部的自身素质。21 世纪最显著的特点就是进入了知识经济时代。我们作为一个传统产业的企业，如何迎接 21 世纪的挑战，是摆在我们领导干部面前的紧迫问题。我们的思想观念和思维方式，还不能适应市场经济的发展。企业的经营权是市场给的，而不是政府。企业是市场运作的主体，你能在市场竞争中赢得多少施工任务，你就拥有多大经营权，否则，企业规模再大、规格再高，也会丧失经营权。

美国 CI 公司是美籍华人王家年先生创办的。一位部门经理在招聘时看中了一个人选，得到直接上司首肯后通知对方可以来公司上班了。就在这个时候，公司做出了不再从社会上引进人才的决定。总裁王家年听完汇报后说，第一你是代表 CI 公司招聘人才，第二你已经通知对方被录用了，第三你认为公司确实需要这方面人才，那么，你可以不受新规定的约束。我觉得这件事至少说明两点：首先，王家年先生很明智，他手下的招聘行为代表 CI 公司，言而无信的话必然损害 CI 公司的社会信誉。其次，王家年先生处理事情一切以发展企业生产力为准则，即使是自己做出的决定，也要服从这个准则。如果我们遇到同样的事会怎样处理呢？

是维护自己的尊严，还是从客观实际出发？

除了观念上的差距，我们还有不少的困难。其中最大的困难就是机制问题。我们现行的用人机制、分配机制、经营机制等，还远远跟不上市场经济发展的脚步，使相当一部分人才不能发挥自己的创造性。领导干部的职位越高，权力越大，在工作中如果感情用事，造成的隐患就越大，严峻的现实迫切需要提高我们各级领导干部的素质。

打造领导干部队伍的严苛标准

传统产业的传统企业里，绝大多数干部经历了中国由计划经济向市场经济的历史性变革。那么，在今天的社会主义市场经济条件下，以什么样的标准来要求中层以上的领导干部呢？

“物竞天择，适者生存”，不仅是一个自然法则，也是社会主义市场经济竞争的法则。面对激烈甚至残酷的市场竞争，每一位领导干部都应该认真地思考这样一个问题：我应该具备什么样的素质才能够适应自己担负的领导工作，或者说，我应该具备什么样的素质才能够保证自己领导的部门、系统、企业，成为全国同行业里的排头兵呢？

现在，让我们在这里讨论一些共性的东西。从管理科学发展的历史看，每个时期的要求是不一样的。世界管理理论的发展经历了三个阶段，最具代表性的传统管理是泰勒制。泰勒制把人看成是经济动物、经济人，它规范每一个操作工人的动作，比如搬运工人的作业几个动作最科学。泰勒制之后，出现了行为科学，强调人的需求有不同的层次。它把人的需求分为5个层次，认为人的第一需求是安全，在安全满足的条件下，才能有其他的需求。认为人的最高需求是人生自我价值的实现。现代管理科学则提出了以人为本。其实，马克思的生产力三要素论，即劳动工具、劳动对象和劳动者本身，始终强调人在生产力构成要素中是起决定性作用的。那么，在市场经济条件下，要求我们的领导干部队伍必须具备哪些方面的基本素质呢？换句话说，就是要以什么样的标准来建设我们的干部队伍。

第一，强调政治意识。因为我们是社会主义的国有企业，所以领导干部能不能从政治的角度认识事物、处理问题是很重要的。有的同志说，国外哪有讲政治的企业。这种说法是片面的。我们经营国有企业，很重要的一项工作就是研究政府宏观政策、重大决策对企业的影响，如果不讲政治，没有政治素质，不能够从政治上看问题，怎么能在社会主义市场经济里搞好企业的经营呢？

西方企业家采用政治手段挽救企业危局的案例也不少见。“二战”期间，日本偷袭珍珠港事件爆发后，造成世界各地美国人的恐慌，东南亚一带的大批美国侨民撤离，社会经济很不景气，导致美国可口可乐公司一夜之间关闭了很多家工厂，公司面临倒闭。危难之际，公司总裁打破常规思维，施展政治公关手段，说服美国国会以及国防部，要保证让每一个美国士兵每天能喝上一罐可口可乐，体现国家对士兵的爱护和重视。一下子把士兵能不能喝上可口可乐上升到国家爱不爱护士兵的政治高度，从而得到了国防部的同意。紧接着，这位聪明的总裁又想办法说服国防部掏钱在东南亚建立工厂进行生产，保证美国士兵喝上可口可乐。一方面因为打仗工厂关闭了，另一方面为了打仗建厂生产可口可乐。你说这里面有没有政治？回答应该是肯定的。从中我们看到了政治素质对现代企业领导的重要性。

第二，强调思想理论素质。提高思想理论素质对于每一个领导干部来说都是非常重要的。拿我们目前存在的问题作分析，一些决策和一些投资行为暴露出来的问题，都让人不可思议，可是这些问题偏偏发生了。要论问题的根源，一个重要方面是一部分领导干部的思想理论素质差，看不清事物，辨不明是非。对眼前变幻莫测的社会现象感到“目不暇接”，更谈不上分析和思考，难免做出错误判断。当今世界发展那么快，中央要求我们成为复合型人才，强化思想理论素质的培养是我们的当务之急。我们要学习和掌握马克思主义哲学、政治经济学和科学社会主义理论，要学习和掌握现代经济管理理论、现代生产经营理论，还要加强思想道德理论、法律知识、科技知识、文史知识、心理知识、专业知识的学习和掌握。

第三，强调业务素质。我们的生产主管、财务主管、经营主管，你对这一行的专业知识熟悉的程度怎么样？我们这么大一个集团公司，你在里面担任某一方面的领导职务，责任重大。比如说财务管理，财务是最先和世界接轨的，可是我们的管理手段、管理办法接轨了没有？企业由传统的生产型向现代的生产经营型转变，财务管理跟着转变了没有？我们的一些重大投资行为，实施前做过充分的论证没有？投资什么时候能收回？经营上也有同样的问题。有的同志一说经营除了招投标就没别的了，甚至把招投标理解成预算，太狭隘了。国外大企业搞经营，讲的是钱从哪里来，到哪里去，一分钱怎么才能变成两分钱。我们能不能适应这种变化？所以，我们提高领导干部队伍素质必须强调业务素质。

第四，强调道德素质。纵观当今世界，科技发展日新月异，知识经济初见端倪，各国竞争日益激烈，人才竞争已成为各个民族和国家获胜的关键。我认为，提高领导者的竞争能力，包括领导者的道德素质已成为不容忽视的问题。领导者有德才有影响力、号召力，有德才能实施有效的领导，有德才能营造健康的组织氛围。从某种意义上说，道德力量是领导者成功的主导力量。那么领导者的道德素质有哪些具体特征呢？一是标准高于一般的职业道德；二是要求严于一般的社会成员；三是影响大于一般员工。一个成功领导者的优秀品德主要表现在：一是责任心，这是首要品德；二是宽容心，有容德乃大；三是诚实，这是成功的基石；四是信任，这是事业胜利的法宝。

在市场经济的海洋里驾驭企业之舟

要具有适应社会主义市场经济的观念和思维方式。面对市场经济，国有企业特别是像我们这样的传统国有企业，要经常在工作中检验我们的观念和思维方式适不适应市场经济。思维方式能不能适应市场经济，决定企业的兴衰存亡。学习先进企业，关键就是要解决观念转变问题。现在有的同志一说事情就习惯请领导定夺，这本身就是计划经济的产物。同样是推销员，欧洲的推销员去非洲，看到非洲原始部落的人都光着脚丫，他回去报告说，这里没有市场。可美国的推销员在非洲看到这种状况后惊呼这里有很大的皮鞋市场。他先做酋长的工作，宣传穿皮鞋有很多好处，酋长听了觉得有道理，就穿上皮鞋和西服，一看确实很有风度。见酋长穿皮鞋，酋长身边的人也都开始穿皮鞋，带动了全部落的人，那么大一个皮鞋市场就这样被美国推销员打开了。这个关于经营观念的例子很典型，耐人寻味。

要具有对新知识、新技术的求知欲望。市场经济发展迅速，假如就靠学校里学的那么一点知识是很不够的，领导干部对新知识、新技术的学习和掌握要有时代紧迫感。所以，我们强调各级领导干部对新知识要有强烈的追求欲望，强调各级领导干部一个月怎么也得逛一两次书店，以掌握新知识、新概念，不然怎么与所处的时代接轨，又怎么与国际接轨？

要具有强烈的创新意识。创新最首要的问题就是战胜自己的习惯势力。社会总是在不断前进、不断发展的，要敢于怀疑过去。这里说的创新，包括机制创新、体制创新、思维创新。我们要在一两年之内解决若干年来累积的问题，没有新的办法、新的运作和新的措施，是不可想象的。我们提倡创新，不是一个简单的概念。按照马克思《资本论》的论述，资本只有在运动中才能增值。因此，资本运作的结果是要发生新的增值。如何实现资本增值，就看你的创新能力了，即如何使资本在不断的周转、运动中增值。

要具有全方位的管理能力。哈佛管理强调各级领导班子、各级管理人员都应该是战略家、策略家、创新家、组织者、管理者、协调者、分析者、改革者、沟通者、决策者、宣传者，还要是好的老师。所以，对领导者管理者有一个系统的要求，很严格。

要具有整体战斗力。衡量一支领导干部队伍的整体水平，不能看一两个人的战斗力。雄厚的资金、先进的技术、严格的规章制度，通常是企业有效运作的前提，但是起决定作用的是整个领导班子。有一个好的班子，才能有一个好的企业。

领导班子的每一个成员都要正确认识自己。古人云，“认识他人固然艰难，认识自己更为不易”。你每天大多数时间习惯看别人，没有一个解剖自己的魄力和严格要求自己的精神，就很难认识自己。我认为，客观认识自己是搞好班子团结，提高班子整体战斗力的前提。经常听有的同志说，我的性格就这样了，改不了。随着你的领导职务升迁，对你性格要求就会越来越严格。要抑制你的短处，发挥你的长处。领导职位越高，你个人缺陷造成的影响和损失就越大。

领导班子的每一个成员要客观评价他人。领导不光要客观认识自己，更要客观地评价、认识他人，用辩证法客观评价认识他人。要特别防止我们戴着有色眼镜看别人，或带着偏见看别人，许多若有若无甚至虚无缥缈的东西就是偏见造成的。一个地方、一个部门、一个单位的领导才能越出众，各种非议也就越多。为什么？有高山就有峡谷，他的成绩越突出，可能他的缺点也就越突出。我们在用人的时候，先别说他有什么毛病，应该先看他能干什么，能不能把事情干好。然后再说怎么抑制他的毛病，尽量不让它扩大。这就要有豁达的胸怀，要能够容人之短。毛主席讲过，要团结大多数，特别是要能够团结批评过自己的、与自己意见不一致的人一道工作，这是领导干部政治上应该具有的品格。

要懂得人际沟通，会做人的思想工作。一个成功的企业家，一个成功的企业领导者，首先应该是一个称职的思想工作者。哈佛还要求企业家应该是一个宣传鼓动家。你能不能把你的思路、对企业未来的发展跟大家说清楚，这一点很重要。只有让大家清楚怎么去努力，才能有方向，有目标。人际沟通，包括班子内部沟通，上下级之间沟通，领导间平行沟通，主要领导和副职之间沟通，等等。大多数工作矛盾都是因为一些小事引起领导之间的误解造成的，原因就是沟通不够。

要有合作精神、团结精神。管理科学发展到今天，特别强调合作精神。如果没有合作精神，没有团队精神，各吹各的调，各干各的事，想把企业搞好很难。恩格斯在《反杜林论》里举了一个例子：一个木克马流兵可打败两个法国兵，两个木克马流兵可打败五个法国兵，但是五个法国兵可以打败十个木克马流兵。是说木克马流兵个人素质高，要一对一地打，法国兵肯定不是对手。

但是在人多的时候木克马流兵因为缺少合作、团队精神，他们就不如法国兵。法国军队注重团队、合作。领导干部要富有合作精神，富有团队精神，要讲大局，这样才能提高领导班子的整体水平。我们上小学时就懂得了一根筷子和十根筷子的关系，一根筷子很容易被折断，十根筷子绑在一起怎么就不容易折断呢？道理很简单，团结起来力量大。为什么大雁一定要飞成“V”字形？科学家的风洞实验表明，飞成“V”字形，能够形成一个真空，后面的大雁飞起来就省劲儿，可以多飞20%的路程。可以说，团结就是生产力。当今企业的权利是市场给的，只有团结一致奔市场，我们才能拥有这份权利。国外的大企业，就特别强调合作精神，不善于合作，你就干不了大事。因为要干大事情，就离不开与其他人合作。因此，有多大的胸怀就能干多大的事业。

要会处理各种矛盾。当前，我们特别强调领导干部要学会虚心听取别人的意见：主管领导要虚心听取副职的意见；主管领导、党政一把手要虚心听取对方的意见；领导要虚心听取群众的意见。虚心听取别人的意见，这也是民主集中的过程。要学会听别人讲话，听别人讲话是一种本事，也是一种素质。要善于站在他人的立场上看问题，换位思考。一个问题来了，我当书记应该怎么办？我当经理又应该怎么办？经常换位思考，书记、经理才能搞好团结。我们还要学会化解矛盾，把矛盾消除在萌芽状态，不让矛盾积累。矛盾积累的过程就是矛盾加深的过程，小问题要及时沟通，及时解决。领导人之间要寻求共同点，消除差异，即使消除不了也应当求同存异。要多看别人的优点，少揪别人的缺点，尤其不能在背后说别人闲话坏话，坦诚相见，开诚布公。要顾全大局，从党性出发，从我们共同的事业出发，只有顾全大局，才能搞好合作。只有顾全大局，才能搞好团结。我们个人的局部利益是和企业的整体利益融合在一起的，没有企业的利益，个人赖以生存的条件没有了，实现个人利益又从何谈起！

总之，我们能不能在市场经济的汪洋大海里将企业这条大船驶向胜利的彼岸，关键在各级领导班子，关键在各级领导干部。提高各级领导干部的素质，建设一支高素质、能适应市场经济的领导干部队伍，是企业未来的希望所在，是企业发展的希望所在。

继承优良传统，开创美好未来

列宁说：忘记历史，就意味着背叛。对历史无知的人，没有真正的信仰可言；没有信仰的人，不可能拥有美好的理想，不可能胸怀崇高的情感，也就不可能担负起任何的责任。

| 坚定不移地继承优良传统 |

我们要牢记党的光辉历史。1921 年中国共产党成立时只有 53 名党员。处于半封建、半殖民地的旧中国，惨遭列强欺凌。以毛泽东同志为代表的中国共产党坚持把马克思主义基本原理同中国实际相结合，领导人民经过长期的反对帝国主义、封建主义、官僚资本主义的革命斗争，取得了新民主主义革命的伟大胜利，建立了新中国，中国从此进入了建设社会主义的新时代。党的十一届三中全会以来，在邓小平理论的指引下，我们的党总结正反两方面的经验教训，实事求是，解放思想，将全党工作重心向经济建设转移，实行改革开放，把马克思主义的基本原理与当代中国社会主义建设的实践相结合，逐步形成了有中国特色社会主义的理论和路线、方针、政策，开创了社会主义事业发展的新时期。

我们要牢记党的宗旨。全心全意为人民服务，从来就是我们党的根本立场，是我们必须坚持的宗旨。为人民服务，就是要把广大人民群众团结到各级党组织周围，通过党的正确的路线、方针和政策，通过党同人民群众的密切联系，通过共产党员的模范作用，通过党的宣传工作与组织工作，使人民群众认识自己的根本利益所在，并团结起来为之奋斗。

我们要坚持和发扬党的优良传统与作风。执政党的党风，是关系党的生死存亡的问题。1942 年毛泽东同志就指出，“只要我们党的作风完全正派了，全国人民就会跟我们学”。我们必须下最大的决心，把党和毛泽东同志创造的优良党风大力地恢复和发扬起来，建设高度的社会主义物质文明和精神文明。

我们要牢记党的神圣使命。马克思曾揭示生产力是社会存在和发展的最一般条件，也是推动人类历史发展和进步的决定性力量，创立了唯物主义历史观，从而揭示了人类社会的发展规律。中国共产党以自己 80 年的实践向世界表明，中国共产党始终代表中国先进生产力的发展要求，始终代表中国先进文化的前进方向，始终代表中国最广大人民的根本利益。

| 坚定不移地解放思想，转变观念 |

解放思想，转变观念，是落实党的各项任务的基础，也是集团振兴与发展的前提。就当前而言，解放思想、转变观念的程度，决定着集团的发展速度。这是当前集团各级党组织的首要任务。

解放思想，转变观念，就要在思想政治上，明确方向，坚定信念。学会用理论联系实际的方法，认识问题，分析问题，解决问题。就要正确认识社会主义市场经济及其发展规律，正确认识建筑企业的现状与存在的问题和矛盾，找到解决问题的办法与途径。就要摒弃在计划经济条件下形成的旧的思维模式，树立适应市场经济需要的新的思维方式。彻底摆脱思想束缚，用市场经济的眼光和思维，去拓宽我们的思路，去开阔我们的视野，去赢得市场的主动，就要不断改进我们的工作方式。看准的事，就要大胆地去闯、去试、去做。犹豫不定，等待观望，只会坐失良机。要提高我们的反应速度，要提高我们的行动速度。

坚定不移地搞好企业的经营生产

围绕经营生产开展工作，就要积极主动地参与经营生产的重大决策。要大力支持经理、厂长开展工作，多出主意，多想办法，多参谋，多服务，同舟共济。

围绕经营生产开展工作，就要围绕经营生产中的重点、难点攻关。努力做到：哪里是重点，哪里有难点，哪里就应当有我们的党员干部。

围绕经营生产开展工作，就要引导党员在企业的经营生产中发挥模范带头作用，努力团结一切可以团结的人，努力调动一切可以调动的积极因素。要相信职工群众，依靠职工群众，把职工群众的积极性转化为企业的劳动生产率，转化为企业的经济效益。

| 坚定不移地搞好企业改革改制 |

马克思主义认为，生产关系一定要适应生产力的发展状况。企业的改革调整，就是要使企业的生产关系进一步适应并促进生产力的发展。集团确立的“调整经营方向、调整产业结构、调整所有制结构、调整产品结构”的发展思路，是使集团加快适应市场经济需要的一项战略性调整。各级党组织要采取积极的保障措施，确保“四个调整”落到实处。

要厘清思路，制订计划，明确重点，落实责任。各单位要对本企业情况进行认真的分析，明确调整的范围、目标和重点，制订切实可行的实施计划，分段、分项明确责任，组织好实施。“四个调整”今年要见到明显成效。

改革本身是对利益分配的再调整。在企业改革改制进程中，各级党员领导干部必须从大局出发，从整体利益出发。作为党员领导干部，绝不允许在改革中讲个人利益，讲小团体利益。要以身作则，注意把握大局，妥善地处理好各方面利益，妥善地处理好各种矛盾，保证改革的顺利进行。

| 坚定不移地加强领导班子建设 |

要建设有创新、有活力的班子。各级领导干部要紧密结合国内外形势的发展变化，紧密结合生产力发展和经济体制的深刻变革，紧密结合人民群众对提高物质文化生活的要求，不断增强驾驭市场和企业的能力，努力解决自身问题，提高按照科学规律办事的水平，不断掌握科学的思维方式和领导方法。

要建设团结奋进的班子。讲团结，就是要在大的方面统一思想，统一意志，统一步调，在小的方面互谅互助，互相补台，心往一处想，劲往一处使。各级党员领导干部要正确对待手中的权力，要充分认识到权力是人民给的，同时也是市场给的。内耗的结果使企业失去了市场，自己也就失去了权力。要讲原则，有矛盾但不能闹矛盾，要在坚持党的原则的基础上讲团结，不允许搞无原则的纠纷，要杜绝人为的矛盾。讲奋进，就是要有一个良好的精神状态、精神面貌，有克服困难的信心和勇气。当前，企业处在结构调整阶段，面对历史沉积的问题和矛盾，如三角债、大量的拖欠工程款，等等，我们一定要坚定信心，开动脑筋，多想办法。物力资源有限，但我们的脑力资源无限，办法总比困难多。领导团结了，精神状态好了，思路清楚，措施得力，群众才能有信心，队伍才能有士气，企业才能有凝聚力。

要建设求实、务实的班子。企业领导班子面临的是大量的具体问题，要求我们以求实的精神、务实的态度去做好工作。凡是班子集体定下来的事情，必须抓好落实。要一步一个脚印地抓，一项一项地抓。抓就要抓紧、抓实、抓出成效。

要建设勤政廉政的班子。勤政廉政是考核领导班子的标准之一，也是领导干部应当具备的基本素质。我们的领导干部要懂得“艰难困苦、玉汝于成”“忧劳兴国、逸豫亡身”的道理，要讲正气，廉洁奉公，带头艰苦奋斗，勤俭办企业。各级领导干部都要大力发扬我们党长期以来形成的理论联系实际、密切联系群众、批评与自我批评的优良作风。要有一个好的思想作风、工作作风、领导作风、学风和生活作风，真正做到与企业职工心连心、同呼吸、共命运。

加强领导班子建设，要注重提高领导干部的政治素质，加强领导干部的政治理论学习，要严格按照“三讲”的精神，按照“三个代表”的精神来要求我们的干部，特别是党员领导干部，要身体力行讲学习，讲政治，讲正气。

加强领导班子建设，要培养和选拔好接班人，要把一大批德才兼备、有良好业绩、适应市场经济需要的中青年干部源源不断地充实到各级领导班子，改善领导班子的年龄结构、文化结构、知识结构，保持班子的生机与活力。

坚定不移地加强基层党支部建设

支部建在连上是我们党领导中国革命取得成功的重要经验之一。集团各级党的组织要高度重视在改制企业中建立健全党的组织。一些企业已进入改制日程，要在企业改革的同时，在控股企业和参股企业同步建立党的基层组织，保持党的工作的连续性。

要高度重视在青年知识分子中发展党员工作。随着企业的发展，越来越多的青年知识分子走上集团各个重要岗位，要注重他们的思想政治建设，加强政治引导，加强政治教育，鼓励青年知识分子加入中国共产党，为党增加新的血液。

要充分发挥党支部的战斗堡垒作用。党支部工作要讲原则，敢负责，对本单位、本部门的矛盾和问题要敢于解决，又要善于解决，不推诿，不踢皮球。也要不断地改进活动方式和工作方法，针对新形势、新情况、新问题，研究和改进基层党组织工作。

坚定不移地加强思想政治工作，保持企业稳定

加强和改进党的建设，必须联系改革和发展的实际来进行，必须联系实现群众发展生产和改善生活的愿望来进行，必须联系解决群众的实际问题来进行，主动化解矛盾。

要加大对职工的宣传教育力度，向职工讲清企业面临的形势，讲清企业的发展目标与方向，取得职工群众的理解与支持，取得职工群众的信任与帮助。

要关心职工的生活。在企业改革与发展中，要注意保护好职工群众的利益。当前，企业确实存在很多困难，这就更加需要我们的共产党员特别是党员领导干部带头艰苦奋斗，真心实意地关心职工群众的生活，关心职工群众的冷暖，为职工群众排忧解难。要像毛泽东同志多次强调的那样，关心群众生活，改进工作方法，通过我们扎扎实实的工作，为职工群众办实事，为职工群众办好事，使职工群众看到各级党组织是代表他们的利益的。要通过和职工群众建立良好的党群关系、干群关系，动员全体职工同心同德办好我们的企业。

切实加强企业党风廉政建设和纪检监察工作

切实加强党风廉政建设和纪检监察工作，最关键、最重要的是端正工作的指导思想，以提高经济效益为中心，坚持从严治党方针，注重源头治本防范，创造性地开展纪检监察工作，为维护和促进企业的改革发展和稳定做出新贡献。

| 强化学习意识 |

“对领导干部来说，打牢思想政治基础，筑严思想政治防线，最根本的就是要牢固树立马克思主义的世界观、人生观、价值观，牢固树立正确的权力观、地位观、利益观。领导干部树立正确的权力观，必须加强学习，提高思想境界和道德修养，掌握辩证唯物主义和历史唯物主义的基本原理。”我们要切实把学习摆在首要位置，全面提高自身的素质，特别是思想政治素质。

一是要有学习的紧迫感和责任感。为什么要求领导干部必须高度重视自身的学习？因为加强理论学习是党中央对每个领导干部的基本要求；是新时代党员干部提高素质、增强本领的现实需要；是我们在当前应对国内外发展变化的形势，抓住新机遇、接受新挑战的迫切需要；是在市场经济条件下经受住权、钱、色等各方面考验的思想基础；是创造性完成本职工作、搞好企业的内在动因。作为一名党员领导干部，如果不重视或不认真抓好学习，就会失去理论根基，偏离政治方向；就难以建立起牢固的思想道德防线，经受不住市场经济的考验；就不可能提高自身素质，适应面临的形势和任务；就很难做到与时俱进，开拓创新；就要落后甚至会犯错误。大家对此一定要提高认识，强化学习意识，平时工作再忙，也要积极参加领导班子中心组理论学习，而且要抽出一定业余时间抓好自学。要在全体党员干部中大力提倡学习的风气，养成学习的良好习惯，增强学习的自觉性。

二是要树立正确的学风。坚持理论联系实际，结合面临的形势和任务深入学习，联系自己的思想和工作认真思考，不能空对空地学，也不能以干代学，要在学习中找出差距，努力地改进工作。把言与行、说与做、学与用真正地统一起来，结合起来，体现出来。

三是要讲究效果，突出重点，解决问题。通过抓学习，根本目的就是要提高领导干部的理论水平、政策水平、思想水平和工作水平。不断增强自身的党性修养、品德修养。常修为政之德、常思贪欲之害、常怀律己之心。当前尤为重要的是要解决好树立正确的权力观的问题，每个领导干部都要从思想上搞清楚，我们手中的权力是党和人民给的，只能用于全心全意为人民服务，而决不能作为谋取个人私利的工具。权力越大，责任越重，权力就是服务。都要从思想上弄明白，我们所要建设的是有中国特色的社会主义，无论怎样深化改革、改制，决不能忘记自己是一名共产党员，决不能丢掉共产党员的理想、信念、宗旨和纪律。都要从思想上清醒地认识到，哪些是党员干部应该做的，哪些不能做；什么值得提倡，什么必须反对；违反了党纪政纪及有关廉洁自律规定将要受到何种处理。从而自觉约束个人行为，遵纪守法，廉洁自律，永葆共产党人的先进性。

| 加强制度防范 |

抓好反腐倡廉工作，制度是保证。依靠制度建设，对防范违法违纪问题的发生非常重要。邓小平同志指出，制度建设更带有根本性、长期性，制度好可以使好人不犯错误，坏人不敢犯错误。

加强制度防范就要从企业实际出发，把党风廉政建设同经营生产、提高企业经济效益紧密地结合起来，把党风廉政各项制度规定寓于企业日常管理工作之中，这样才能抓到实处，增强工作的针对性和有效性。

加强制度防范就要突出重点，注意从源头上入手，从关键环节抓起。当前我们要着重抓好"三重一大"制度的贯彻执行，"三重一大"直接涉及领导干部的选拔任用、大额度资金的管理和重要项目的决策，是关系企业改革、发展、稳定的关键性工作，也是容易发生以权谋私等违纪行为或出现重大失误的关键环节。必须把执行"三重一大"制度作为抓好制度防范的重中之重，严肃认真地加以落实。无论改制企业、未改制企业还是正在改制的企业，都要把贯彻实施“三重一大”制度同建立、规范法人治理结构有机地结合起来，严格按科学决策、民主决策、集体决策程序办事，决不允许个人或少数人说了算；决不允许搞不正之风、利用职权满足私情谋取私利，损害国家和企业利益；决不允许违反制度规定、滥用职权的现象发生，决不允许因领导干部失职或不负责任导致工作出现不应有的失误、给企业造成重大经济损失的问题存在。

加强制度防范就要维护制度的权威性和严肃性。制度一经建立，必须坚决贯彻执行。各单位一定要做到有章可依，有章必依，执章必严，违章必纠。纪检监察部门一定要加强对“三重一大”制度落实情况的执纪检查，凡违反规定发生严重问题的必须查明责任，分清责任，追究责任。

总之，加强制度防范是一条从源头上治理腐败、规避风险、减少失误，推进企业党风廉政建设、保证经济运行健康发展的新思路、好措施。

| 严格监督管理 |

加强党风廉政建设不仅是“医治”企业存在突出问题的治标之举，更是进一步激活企业生产要素、释放企业生产活力，实现做强做优做大目标的治本之策。抓好企业党风廉政建设，加强监督、管理是关键。要把保护、关心、帮助、爱护领导干部作为各级党委、纪委工作的出发点，因为党组织培养一个干部很不容易，需要做大量甚至长期的工作。就领导干部个人来讲，从入党、提干到走上领导岗位，也要付出很大的努力。如果不加强学习，不重视自身思想改造，不能正确运用手中的权力，经受不住市场经济的考验，犯错误甚至走上违法犯罪的道路，不仅有损于党的事业，有损于企业的利益，同时也毁掉了领导干部个人的政治生命与前途甚至影响到家庭。所以，我们强调要保护、关心、帮助、爱护领导干部。但这决不仅仅是一般性的要求号召，而是要讲原则，要做实实在在工作的。

所谓“讲原则”，就是要坚持从严治党，把保护、关心、帮助、爱护领导干部寓于平时对领导干部的严格要求、严格教育、严格监督、严格管理之中。不能碍于情面搞“好人主义”，不能淡化责任，疏于教育，放松对所属干部的监督与管理，更不能对有问题的同志说情、袒护和包庇，而应当在政治上帮助，在工作上支持，在生活上关心，在纪律上严格要求。

所谓“做工作”，就是要认真贯彻执行党风廉政建设责任制，按照“一把手负总责”和“谁主管谁负责”的要求，看好自己的“门”，管好自己的“人”，对责任范围内的同志真正做到严格教育，严格要求，严格监督，严格管理。要落实“一岗双责”，在安排经营生产管理工作时要与党风廉政建设工作同部署、同要求、同检查、同总结、同考核、同奖惩。要善于听取职工群众的反映与意见，经常分析责任范围内人员的党风廉政状况，了解情况要明，掌握底数要清，对有关廉洁自律规定要及时讲，反复讲，不断讲，早打招呼勤提醒；发现问题苗头要提前抓，认真谈，抓紧解决；对确实构成违纪问题的要认真查，实事求是地作出处理。

只有坚持这样做，才是我们所倡导的保护、关心、帮助、爱护领导干部的应有之义，才能使违规违纪问题苗头早发现，避免违法违纪案件少发生，才能使我们的同志少犯错误，不犯错误，自觉经受住改革开放和市场经济的严峻考验。

注重真抓实干

“实干兴邦，空谈误国”。我们办任何事情，抓任何工作，都有一个真抓实干的问题。要贯彻落实集团公司工作会议精神，确保改革与发展的各项工作圆满完成，必须真抓实干。同样，抓党风廉政建设也是如此。

注重真抓实干，就要严肃党的政治纪律和组织纪律。同党中央在思想政治上保持一致，不仅体现在认识上，而且更重要的还体现在行动上。每个党员干部、特别是领导干部都要自觉做到：凡是中央明令禁止的，坚决不做；凡是中央提倡要求的，一定要不折不扣地贯彻执行。要带头落实好党风廉政建设责任制，带头遵守对国有企业领导人员重申并新提出的各项廉洁自律规定。在企业改制进程中，同样要强调树立大局意识，增强政治纪律、组织纪律观念，对企业的各项改革决策及工作部署，各单位、各级领导干部都要认真加以贯彻，采取切实可行的措施，积极主动地开展工作抓好落实，保证政令畅通。

注重真抓实干，就要做到既要廉政，又要勤政。这是新形势下对领导干部的基本要求，也是我们抓党风廉政建设工作的一个重要着眼点。勤者，政之所要；廉者，政之本也。首先，大家要处理好二者之间的关系，必须明确，作为工作在企业的党员干部，不能只廉不勤，也不能只勤不廉，而应当抓廉促勤，以勤保廉，廉勤结合，真抓实干，促进管理，增加效益。其次，在实际工作中切实做到：两个责任一起负，两个指标一起扛，两个成果一起要，坚持“两手抓，两手都要硬”。

提倡创新精神

创新是坚持马克思主义唯物辩证法的体现，是一个国家兴旺发达的动力，是一个政党永葆生机的源泉，也是做好各项工作的根本方法。所以，每个党员领导干部一定要从讲政治的高度，增强创新意识，提倡创新精神。

为什么要提倡创新精神？具体讲，同志们应当从以下三个方面深刻领会，提高认识，增强自觉性。

创新是党中央对各级党员领导干部提出的明确要求，是我们应对国内外形势发展变化、抓住新机遇、迎接新挑战的迫切需要，是推进企业改革、发展、稳定的强大动力，是进一步加强企业党风廉政建设、抓好纪检监察工作必须解决的新课题。

一是要进一步解放思想，转变观念。这是我们适应新形势、做好各项工作的关键，也是实现创新、开创党风廉政建设新局面的前提。观念的创新决定着理论创新、实践创新，我们要自觉把思想认识从那些不合时宜的观念、做法和体制中彻底解放出来，坚决摒弃陈旧、僵化、过时的思维定式。无论是思考问题还是开展工作，都要站到如何更好地服从、服务于经济工作中心和党的工作重心，如何适应我国发展社会主义市场经济的角度，如何体现企业特点与实际，贴近经营生产管理，加强标本兼治、综合治理，加大从源头上预防和治理腐败的力度，研究需要建立哪些切实可行的制度，加强有效的监督、约束、管理和防范，抓好工作方式方法与体制、机制和制度的创新，做到原则性与灵活性、普遍性与特殊性、继承与创新的有机结合，实现科学运作，高效管理，通过不断解放思想、转变观念，促进党风廉政建设和纪检监察工作取得新成效。

二是要进一步提高自身综合素质。提倡创新精神，必须具备良好的素质。应当看到，与发展变化之快、之大的国际国内形势相比，与中央对反腐败斗争和党风廉政建设的要求相比，与企业所面临的任务和广大职工群众的期望相比，我们在整体素质上还存在许多不适应的地方。所以，每个领导干部，包括纪检监察干部都要加强自身的政治理论学习，重视业务知识学习，特别是要抓紧学习现代企业管理的科学知识、先进技术、法律法规、管理经验，要勤于思考，善于积累，不断地丰富自己，充实自己，提升自己，完善自己，进一步提高工作的层次和水平，提高办事效率和质量，以应对挑战，抓住机遇，经受考验，适应形势，做好工作。

三是要进一步大胆探索，勇于实践。提倡创新精神，不能循规蹈矩、墨守成规，不能过于求稳，安于现状，必须敢于实践，敢于突破。因此，要求各级党委、纪委要吃透上级精神，掌握企业实情，敢闯敢试，勤于实践，善于实践，创造性地开展工作；广大纪检监察干部要加强自身建设，认真履行“保护、惩处、监督、教育”四项基本职能，在参与中监督，在监督中服务，不断地研究新情况，探索新途径，解决新问题，总结新经验，充分发挥在维护集团系统改革、发展、稳定中的保驾护航作用。

共产党员要成为勤于学习的表率

面对新形势、新任务、新要求，企业各级党组织要进一步坚持党要管党的原则，紧紧围绕企业改革发展稳定的大局，不断增强党组织的创造力、凝聚力和战斗力。共产党员不仅要有为共产主义事业奋斗终生的决心和勇气，还必须加强理论学习，用共产党员的标准要求自己。

党的历史是一部创造史，也是一部学习史。每一次的学习都促进了党的事业的巨大发展和飞跃。党的第一代领导人，有很多曾远涉重洋，到国外去求得马克思主义的真理。毛泽东同志虽然没有走出国门，但他以一个政治家的雄才伟略，把马克思列宁主义原理和中国革命的实践相结合，创造了农村包围城市这样一条具有中国特色的革命道路，才使我们的民主革命取得了彻底的胜利。新中国成立以后，党始终坚持不断学习和探索，在不同的历史时期，不同的历史条件下，进一步把马克思主义的真理和中国革命的实践相结合，创造性地发展了马克思主义的理论，才能够有社会主义精神文明建设和物质文明建设的飞速发展。

我们回顾党的历史，就是要充分认识学习对于我们党的事业的至关重要性。要充分认识，进一步解放思想、转变观念是推进国有企业产权制度改革的关键。要以强烈的危机感、紧迫感和责任感，围绕建设具有国际竞争力的企业奋斗目标，坚定不移地学习、学习、再学习。

企业的改革重组以及出台各项政策，目的是解放生产力，发展生产力。我们建设学习型企业，必须坚持我们党的理论联系实际的优良学风，把学习和解放生产力、发展生产力紧密联系起来。

检查创建学习型企业的实际效果如何，关键看我们未来生产力的发展水平。这几年，我们在企业产权结构改革方面虽然取得了很大的成就，但是离客观形势的要求，离上级领导的期望，差距还很大。所以，我们要加紧建设学习型企业，要把学习作为当前的大事来抓，要用新的知识、新的理论来武装我们全体员工，使我们全体员工的素质有一个尽快地提高。通过提高我们企业员工的素质，促进我们企业其他资源更加合理的配置，进一步提高生产力水平，让创造物质财富的各种源泉充分涌流。

希望我们全体党员、全体员工，千方百计地寻求本单位、本系统能够尽快发展成为全国建筑行业排头兵的发展思路。比如说，我们强调系统化管理和项目管理若干年了，这个系统真正建立起来没有？我们反复讲系统管理和服务要纵向到底，横向到边，现在做得怎么样呢？目前，相当一部分系统还在封闭状态运行，这个跟我们建立现代企业制度的要求是格格不入的。运用物理学原理来讲，企业要开放，只有开放企业的能量才能充分发挥出来，封闭型的企业不但能量发挥不出来，还会形成内耗。我们建立学习型企业，一个重点就是要加强业务系统的建设和培训，加强项目管理上的培训。

面对我们所处的知识经济时代，广大党员特别是党员领导干部，只有不断“充电”“学习、学习、再学习，提高、提高、再提高”，用科学的理论武装自己，用现代科学技术充实自己，不断提高自身素质，才能掌握胜任本职工作的过硬本领，才能与时俱进，开拓创新。

人的先天没有什么区别，关键在后天，而后天关键在于业余时间干什么。我始终强调，一定要充分利用业余时间来把握新的经济思想、新的经济理论、新的管理思想、新的管理理论。一直讲要建立现代企业制度，可是现代企业制度与传统企业制度有什么区别，至今很多人并不清楚。希望大家要树立“终身学习”的思想，发扬理论联系实际的学风，重在用学习指导实践。

要从战略的高度，从企业生死存亡的高度来认识我们建立学习型企业的重要意义。一个企业生命延续多长不是在企业的外部，而是在企业的内部，关键看我们自己如何去把握。

要紧密结合企业生产经营的实际进行学习。要分出不同的层次，分出不同的系统来进行学习，建立学习型的企业，不是动员一下，发几本书就算学习了，集团各级组织、各业务系统、各级领导都要认真研究本业务系统，本级领导，自己所处层面应该紧迫地学些什么，定出学习计划，急需的先学。更重要的是要学以致用，把学习与生产实践结合起来，通过学习推动生产经营的发展，通过生产经营的发展来检验我们建立学习型企业的实际效果。

广大党员，特别是党员领导干部要做学习的模范，做学习的表率，要不断地总结和推广经验。我们哪些系统通过学习掌握了现代化的管理思想、管理理论、管理措施，推进了业务系统的建设；项目经理部通过学习促进了项目的经营管理，提高了项目施工水平，改进了施工工艺，真正向业主提供了一流的服务，提供了优质的产品。

建立学习型企业是全员性的。要广泛发动群众，把工作延伸到外施队伍中去，现在一线作业的基本上都是外施队职工，外施队伍的水平不提高，我们说提高产品质量、提高服务质量就是一句空话。劳务管理部门、人事部门、党政工团工作部门要像管理自有队伍一样，管好外施队伍，要在外施队伍当中广泛地开展建立学习型企业的动员，要把建立学习型企业的指导思想、内容、活动贯彻到外施队伍当中去，真正建立起全员参与的学习型企业。

保持共产党员的先进性

今天，我们全党面临的国际形势已经发生深刻变化。一方面和平与发展仍然是当今时代的主题，另一方面局部战争与冲突持续不断；一方面世界格局呈现多极化发展，另一方面多极与单极的斗争依然激烈；一方面全球经济趋于一体化，另一方面发展不平衡的问题更加突出。

首先，从加入世贸组织两年来的形势看，中国经济发展得更加迅速，势头更加良好，但是，西方敌对势力对中国的政策没有改变。在这样一个复杂的国际环境里，我们要进行社会主义现代化建设，全面建设小康社会，全体共产党员应保持高度的警惕。西方敌对势力要干扰我们的建设，甚至破坏我们的建设，在短期内甚至很长一个历史时期内不会停止。比如说中海油收购美国的优尼科公司，本来是一个正常的经济行为，但却引起美国国会、美国上下舆论一片哗然，为什么美国公司可以收购中国的公司，中国的公司不可以收购美国的公司呢？这说明美国遏制中国发展的政策没有改变。

其次，从国内形势看，我国经济每年保持百分之九点多的增长速度，国内生产总值已经达到了人均1000美元以上。按照经济学界和国际通用的分析方法，人均国内生产总值 1000 美元是一个社会重大的转折时期。

最后，从党内看，绝大多数党员是好的和比较好的，较好地发挥了先锋模范作用，绝大多数基层党的组织是好的和比较好的，发挥了政治核心作用和战斗堡垒作用。但是，改革开放以来，由于利益的多元化、价值取向的多元化以及我们实行了全方位的改革和开放后，受到各种思潮的影响，一部分党员，特别是少数党员领导干部经不起诱惑，发生了这样那样的违纪违法现象，甚至走向了犯罪的道路，给我们执政党的建设带来了非常严重的影响。

列宁同志讲，没有革命的理论，就不会有革命的行动。我们现在的社会主义现代化建设，处在一个非常重要的历史转折关头。总结世界历史的经验，在社会发展的关键阶段，对形势认识深刻，应变处事正确，就保持了良好的发展势头；认识不清楚，采取措施失当，最后导致社会政权轮换，或得而复失，苏联从十月革命成功到 1989 年，72 年的政权一夜巨变，东欧也是这样。这种深刻的历史教训，我们全党都不能忘记。在社会发展的重要转折阶段，用科学的理论来指导全党，无疑是非常重要的。

真正建成中国的小康社会，达到中等发达国家的水平，这是党提出的宏伟目标。实现这一宏伟目标，需要进一步巩固共产党的执政地位，需要进一步保持和体现共产党员的先进性，需要党率领全国人民艰苦努力，扎扎实实地开展工作。没有这个前提，再有十几年，二十几年甚至更长的时间、我们也难以实现全面建设小康社会的目标。现在，我国经济发展速度很快，但是要完成全面建设小康社会这个目标，我们面临的任务还非常艰巨。比如，我们虽然达到了人均国内生产总值 1000 美元，但是我国的贫困人口还有很多；在经济发展过程中，东部和西部之间的差距不但没有缩小，而且有逐步扩大的趋势；城乡之间的差距不但没有缩小，而且有逐步拉大的趋势；收入之间的差距，即高收入和低收入之间的差距也在扩大。对此，全党都应该有高度的警觉、高度的认识。

企业发展壮大的关键，取决于有没有一支高素质的员工队伍。我们要建设具有国际竞争力的新型企业集团，关键靠我们全体员工。共产党员是全体员工中的先进分子，能不能建设一支具有高素质、能够适应市场经济竞争和发展要求的共产党员队伍，对于建设具有国际竞争力的新型企业集团来讲是起决定作用的。我们要更好地完善党员自身，明确我们肩负的历史责任，把我们的积极性、创造性充分地调动起来，真正使每一个共产党员都把自己所肩负的责任和承担的任务能够完成得尽善尽美，建设具有国际竞争力的新型企业集团才能够有人力资源的保障。

党的中心工作就是全面建设小康社会，开创中国特色社会主义事业新局面。要实现这一宏伟目标，就必须紧紧抓住战略机遇期，进一步解放生产力，进一步优化各种资源要素配置，实现又好又快地发展。

机遇只偏爱那些有准备的人。换句话说，机遇每天都存在，就看我们有没有充分的思想准备。我们每天都在讲，解放思想，转变观念，思想观念决定一切。我们企业的经营行为、生产行为、管理行为等，要建立在一个科学的基础之上，就必须解放思想、转变观念。科学发展观坚持以人为本，为什么呢？生产力三要素中，人是起决定性作用的。离开人，劳动对象、劳动工具就都失去了意义。在对人的认识上，昨天、今天和明天不完全一样。比如，在计划经济条件下，把人看作成本。今天的人力资源管理理论则认为，人是企业最珍贵的资源，是起决定性作用的资源。明天，将强调以人为本，对人才要做战略性的投资，等等。传统企业和现代企业之间的差距很大，为什么许多企业做不强、做不大？一个重要原因是用传统的思维方式来管理和经营企业。举一个简单的例子，企业贯标通过了 ISO 9000 认证，可干起活来又是另一回事，有多少个现场是按照贯标要求，施工现场有平面布置，材料堆放有标识的？说在嘴上，写在纸上，挂在墙上，最后放在抽屉里，依然我行我素，习惯势力仍然每天在支配着我们，工程装修得差不多了，成品却大量地损坏、丢失，按 ISO 9000 的标准认真做了吗？没有。转变思想观念是一个长期的任务，马克思说过，人生最大的困难就是战胜自己的习惯势力，就是战胜习惯性行为。

思维方式有很多种，有系统的思维方式，有逻辑的思维方式，有辩证的思维方式，有理论的思维方式，等等。我们应当遵循哪一种思维方式呢？管理科学认为，经营企业的成功与否，决定性的因素是领导人能不能用系统的、规范的、逻辑的思维来确认行为方式的正确性。我们要讲系统的思维，要用系统的理论、系统的观念来武装我们。第二次世界大战接近尾声的时候，著名科学家钱学森在美国发表了系统论，美国的第一颗原子弹就是采用系统理论来集成的。随着社会的发展，系统的思维已经成为当今思维科学的一个重要组成部分。在考虑问题的时候，要用系统的观点来研究我们的经营，研究我们的财务，研究我们的生产，把每一个问题都放在一个系统里面来分析、研究，不能头痛医头，脚痛医脚。我们要讲逻辑的思维，要用逻辑的思维来考虑问题。

我们要讲辩证的思维，陈云同志 1937 年在延安就讲过，学习哲学，终身受益。有的人看问题，好就是一切都好，看不到好的里面还存在一些问题；坏就是一切都坏，看不到坏的里面还有一些好的成分，这就是缺少辩证法。辩证法强调要用辩证的逻辑的思维来思考问题，既要看到好的一面，也要看到存在问题的一面，看到事物之间这种区别和联系，在处理问题时，才不至于犯错误。

没有一个明确的发展思路，企业就不可能有一个明确的发展轨迹。思路决定成败。毛泽东同志强调，有的人以其昏昏，使人昭昭。人不是动物，再笨的设计师在动手之前也有一个草图，要有一个蓝图，再聪明的鸟，筑巢之前也不可能有蓝图，这是人和动物的根本区别。

明确企业的发展思路，要解决以下几个问题：一是要认清企业面临的外部环境和内部环境。建筑行业是一个竞争性的行业，竞争越来越残酷，加上市场还不是很规范，业主的标准越来越高，成本费用在加大，但招标价却在降低。这是一对矛盾，也是我们面临的一个非常现实的问题。内部环境方面，在企业长期发展的过程中，也沉淀了不少问题。管理体制、经营机制还存在很多问题，员工队伍还不能完全适应市场经济发展的要求。二是要明确企业的战略目标。原来基数低，增长比较容易，现在还想保持高速增长，没有跨越式的思路，没有重要的战略举措，是很难实现的。三是要确定企业的战略选择。要实现战略目标，什么样的选择很重要。产业结构要做出重大的调整，产品结构要做出重大的调整，地域市场结构要进行重大的调整，采取重要的战略措施，增强我们的市场竞争能力，扩大市场占有的份额。四是要明确实现战略目标、战略任务的措施。要制定出实现战略目标的具体措施，真正建立一个好的平台，建立一个好的体制和机制。否则，要进行重大的战略调整也是一句空话。

与此同时，要用马克思主义的立场、观点、方法观察和分析企业的问题，认真研究和把握市场经济的运行规律，力求使企业的发展思路符合企业自身的运行规律，使企业的行为能够更好地遵循和适应市场经济的运行规律。

在看到成绩的同时，我们也要对存在的问题保持清醒认识。在思想观念上，危机意识淡薄，机遇意识不强，尤其是一些领导干部缺乏只争朝夕的精神。应该知道，不做完今天的工作、不完成今天的任务、不完善今天的行为，明天我们就可能被淘汰。在管理体制上，层次环节多，信息反馈慢，很难及时合理有效地组织企业的各种资源。在分配机制上，还没有把分配制度与员工的业绩、绩效和企业的效益挂起钩来。相对静止、相对固化的分配模式是不能从根本上调动员工的积极性的。在用人机制上，虽然我们公开选聘机关的领导，公开选聘二级单位的领导，公开选聘集团公司的领导，但不是对所有的领导都采取这种选拔机制。在企业管理方面，总体上说还比较粗放。我们主业的产值利润率、营业收入利润率都非常低，反映出管理效益不高。

对于这些存在的问题，需要我们科学地、辩证地、系统地来分析成因，找到解决问题的办法和措施，才能够推动企业的发展。

按照科学发展的要求，我们形成了比较清晰的企业发展思路，要实现由生产经营型向生产经营与资产经营、资本经营并举转变，实现集团由区域型向国际型集团的转变。随着世界经济全球化，必须打破区域的限制，立足北京，面向全国，走向世界，朝着国际型的企业集团发展。要实现集团的跨国经营、跨国发展，没有跨越式的体制机制是难以实现的。

要进一步寻求与国内国际知名企业集团进行战略合作，增强集团融资能力、扩张能力。现在国际通行的规则是带资施工，从勘探、施工到交钥匙，如果没有很强的融资能力就很难做到。如果没有融资能力，就无法参与类似工程建设，就不能进一步做大。要按照现代企业制度的要求，着力把集团建成现代企业制度的公司。引进专业公司作为财务顾问，对企业各个系统进行分析和调研，并调整内控的相关规章和制度，也要引进战略投资进行合作，以解决国有产权一股独大的问题。

企业发展还要完成“四个布局”。一是完成新的产权结构布局，加快国有企业改革和重组，真正做到投资结构多渠道，产权多元化。二是完成新的产业结构布局，逐步改变产业结构相对单一的现状，做到产业结构的多元化，在稳步发展建安施工主业的基础上，加快向相关领域的扩张，实现跨行业的发展。三是完成新的市场结构布局，在巩固北京市场的基础上，集团将加快向外埠和国际市场的扩张，实现跨地区、跨国经营。四是完成新的组织结构布局，逐步形成和完善“职能部门＋经营型事业部（分公司）＋投资子公司”的组织结构，尽量做到企业的管理扁平化，减少纵向的延伸，提高集团公司的决策、管理和监控水平，使集团公司总部真正成为决策中心、规划中心、投资中心，体现宏观协调能力。

实现集团的发展目标，需要各级党组织和全体共产党员、全体职工的共同努力。要进一步加强党的建设，努力建设一支高素质的、走在时代前列的新型党员队伍，为建设具有国际竞争力的新型企业集团提供坚实的思想政治保证和组织保证。

在新时期，共产党员充分发挥先锋模范作用，不仅要体现在思想觉悟和精神境界上，而且要体现在带头做好深化改革、扩大开放、促进发展、保持稳定的各项工作中，体现在带动群众为经济发展和社会进步艰苦奋斗、开拓进取的实际行动中。

第一，保持思想上的先进性，增强开拓意识，做改革创新的模范。保持思想上的先进性，就必须进一步坚定理想信念，这是保持共产党员先进性的精神动力。没有理想、没有信念，一个人就没有了方向。所以就必须增强开拓意识，做改革创新的模范。改革开放是强国之路，共产党员必须带头支持改革，积极参与改革，努力开拓进取，做改革创新的模范。

第二，保持政治上的先进性，增强大局意识，做团结的模范。保持政治上的先进性，必须顾全大局，增强大局意识，要加强团结，做团结的模范。一定要强调大局意识，要学会站在全局的角度来思考、处理问题，不能为了自己小单位、小团体甚至一己私利，损害整体的利益，这是党的纪律所不能容忍的。

第三，保持能力上的先进性，增强学习意识，做精通本职业务的模范。一个企业的成败，关键取决于企业领导人的能力。很多事情不是决策的错误，而是执行不力。领导能力决定企业的存亡，领导能力决定项目的存亡，领导能力决定事业的存亡。

第四，保持工作上的先进性，增强责任意识，做勤奋敬业的模范。共产党员的先锋模范作用发挥在每时每刻，要体现在自己的岗位上，无论做什么都要做得比群众好。领导的作用在于身先士卒，在于模范带头，还要具备组织能力、策划能力、调动员工积极性的能力。

第五，保持纪律上的先进性，增强自律意识，做廉洁从业的模范。胡锦涛同志在中纪委会议上反复强调“成由勤俭败由奢”，成了是因为勤俭持家，败了是因为腐化堕落。欧阳修在《伶官传序》里专门讲到后唐开国皇帝死于安乐的典故，发人深思。现在有的同志自律意识不强，自己不能管好自己，少数党员领导干部违纪违法，受到党的纪律处分和国家法律的制裁，受党培养那么多年，自己出了问题，家属受牵连，同事们也受牵连，很令人遗憾。

第六，保持作风上的先进性，增强宗旨意识，做密切联系群众的模范。每一个共产党员都要牢记我党的优良作风，真正做到密切联系群众，全心全意为人民服务，这是保持共产党员先进性的永恒主题。这里特别强调共产党员必须模范地执行党的群众路线，做宣传群众的模范，做发动群众的模范，做关心群众的模范。党员特别是党员领导干部要牢固树立群众观念，倾听群众呼声，反映群众意见，集中群众智慧，共同办好企业。

要大力支持纪检监察审计部门工作

纪检监察审计部门，承担着企业综合监管职能，任务艰巨、责任重大。各级领导要充分发挥他们的作用，在各方面为他们开展工作创造条件。

一是要带头廉洁自律、履职尽责，各级领导干部特别是主要领导应严格执行党风廉政建设责任制，落实“一岗双责”，对分管系统严格要求、严格管理、严格监督，用实际行动支持纪检监察审计部门开展工作。

二是要在政治上给予关心，组织上保证落实，工作中排忧解难，做他们正确行使职能的坚强后盾。

三是要重视纪检监察审计工作的成果转化和运用。尤其是要加强企业风险评估工作，增强依法经营意识，对“三重一大”事项，一定要按程序办事，认真进行风险评估和预测，风险超过一定程度的就别去做。如果越过界限，违反了法律法规，将会给党的事业、给企业、个人和家庭带来无法弥补的损失。

需要特别强调的一点是，领导干部要树立民主监督意识、正确对待监督。俗话说，良药苦口利于病，忠言逆耳利于行，纪检监察审计工作归根结底还是立足于教育干部，保护企业，促进管理，通过加强教育和监督，增强全员反腐倡廉的自觉性，防范领导干部犯错误。因此，纪检监察审计部门找你谈话，反映群众意见，进行廉政提醒教育，是对你的爱护，如果出了大问题，触犯了法律，到时想挽救也来不及了。对本单位经营管理中存在的问题，要正确认识，举一反三，深入分析，主动整改。总之，加强风险管理，减少工作失误，实现领导干部不失足、国有资产不流失、群众利益不受损的反腐倡廉工作目标，是我们共同的责任。

党组织的核心任务是推动企业又好又快发展

国有企业是国民经济的支柱和公有制经济的重要体现，是建设中国特色社会主义事业不可或缺的重要组成部分。如何更好地发挥党组织的政治核心作用，为推动国有企业科学发展提供强有力的思想、政治、组织保障，是企业党组织必须认真思考的课题。

| 坚定不移地开展解放思想、转变观念推动工作 |

改革开放的成功实践证明，思路决定出路。“解放思想是中国特色社会主义的一大法宝”，这是中国共产党从我国波澜壮阔的改革实践和举世瞩目的发展成就中得出的一个科学论断，国有企业改革发展的巨大成果也充分验证了这一点。我们着力克服计划经济体制下的“等、靠、要”思想和“小富即安”思想，牢固树立适应市场经济的竞争意识、危机意识、效益意识、风险意识。我们多次“请进来，走出去”，使广大干部通过现代理论的学习和生动实践的感受，主动适应市场，自觉搏击市场。当前，国企改革发展面临的形势任务比以往任何时候都要复杂、都要艰巨，存在的机遇和挑战都是前所未有的，国企党组织必须坚定不移地解放思想，不断以改革的精神和开放的思维来引领企业又好又快发展。

加快企业产权制度改革，健全现代企业制度

从提出建立现代企业制度，到提出建立现代产权制度，再到强调“深化国有企业公司制股份制改革，健全现代企业制度”，同时强调“以现代产权制度为基础，发展混合所有制经济”，国有企业改革的方向非常明确，而且是逐步深化的。

推进国有企业公司制股份制改革，完善法人治理结构，实现产权关系清晰化、投资主体多元化、治理结构规范化、管理运作法制化，使国有企业党组织承担职责任务、履行职责的方式方法和自身建设都发生了深刻变化，这既给国有企业党组织体现政治核心作用带来了严峻的考验，也为新形势下发挥党组织的政治核心作用提供了广阔的舞台。国有企业党组织发挥政治核心作用，必须把适应现代企业制度要求作为一个重要前提。

首先，要坚守党组织的历史使命。体制变了，环境变了，但党在国有企业、国有资产管理中的政治核心地位和作用没有变，国有企业党组织依然是党执政兴国的重要组成部分。我们要继续加强和改进股份制企业的党建工作，使其真正成为党坚强的组织基础。其次，进一步明确和落实现代企业制度下国有企业党组织的职责范围。要围绕企业发展目标，凝聚职工共同奋斗；要落实科学发展观，增强企业核心竞争力；要推进企业改革，保证新体制运行；要协调各方利益关系，维护职工合法权益；要领导思想政治工作，推进企业文化建设。最后，要积极探索和创新现代企业制度

下党组织发挥政治核心作用的途径和方式。建立健全有关制度和机制，规范党组织与董事会、监事会、经理层的工作关系，保证党组织能够切实履行职责和有效地发挥政治核心作用。

加快经营结构调整，促进国有企业又好又快发展

促进国有企业的经营结构调整、转变发展方式，实现科学发展是国有企业面临的重大任务，企业党组织只有以此作为工作的切入点，才能充分体现企业党组织的作用和价值。

一是毫不动摇地推动企业科学发展。发展是硬道理，发展是第一要务，发展是基础。要健全和完善科学的体制机制，努力为企业发展创造良好的平台和环境。转变发展方式，降低物资资源消耗，紧紧依靠科技进步、劳动者素质的提高和管理创新促进企业发展。处理好规模与效益、速度与质量的关系，推动企业健康运行，不断增强国有企业的活力、控制力和影响力，向具有国际竞争力的企业集团迈进。

二是着力推动产业产品结构和区域市场结构的调整，保持企业可持续发展。发展战略调整是国有企业当前面临的一项紧迫而重要的任务。国有建筑企业普遍存在经营结构单一的风险。对于我们集团来讲，要对国有资产的布局和结构进行调整，大力改变建安施工“一业独大”的格局，努力发展房地产、环保、城市基础设施运营和建筑科技服务产业。还要积极实施“走出去”战略，转变几十年隅于北京市场的局限，奋力拓展京外、海外市场，调

整地域结构，保持企业的稳定发展，防止大起大落。同时，加强管理创新，采取严格措施，防止企业在投资、担保、房地产开发等过程中的各种风险。

三是在企业发展过程中，统筹兼顾其他利益相关者的利益。处理好国有资产增值保值与提高职工收入的关系，真正把关心职工的生活落在实处，切实实现好、维护好、发展好广大职工的利益，让广大职工充分享受到企业改革发展带来的实惠。从提高工程质量、维护农民工权益、减少环境污染、推进科技创新等方面入手，积极承担国企的社会责任。

以创新精神加强改进国有企业党建

国有企业党组织要在国有企业改革发展中发挥好政治核心作用，就必须以改革创新精神，不断加强自身建设，努力提高领导水平和驾驭企业的能力。

第一，要在企业的党员干部中深入持久地学习贯彻党的十七大精神。当前，摆在集团各级党组织和广大党员干部面前首要的政治任务，就是要认真学习宣传和全面贯彻党的十七大精神，抓住重点，结合实际，加深理解。

第二，加强企业领导班子建设，全面提高企业经营管理人员驾驭企业、驾驭市场的能力。要重点培养干部的政治素质和业务能力，努力提高领导班子驾驭企业、驾驭市场的能力。加强企业人才队伍建设，以开放的思维凝聚国际国内市场上的人力资源，为建设具有国际竞争力的企业集团提供有力的人才支持。

第三，大力开展基层党建创新。面对新体制、新形势和新要求，国有企业党组织要围绕“推动发展、服务群众、凝聚人心、促进和谐”的职能定位开展创新，合理设置党的工作机构，健全党的基层组织，努力创建四好班子，完善落实基层党建工作责任制。

第四，加强制度建设，搞好企业党风廉政建设。高度关注建设领域的腐败现象，从健全落实管理制度入手，加强监督，严防商业贿赂滋生，为企业科学发展营造有利的环境。

实现企业科学发展

企业科学发展，就是要不断认识自己，不断把握和实践企业运行的客观规律。我们是国有企业，又是以施工和开发作为双主业的大型国有企业，我们就要不断把握这类企业的发展规律，并遵循这个规律。企业作为创造利润、创造社会财富的经济单位，就是要通过学习实践科学发展观，不断地解放生产力、发展生产力。

毛泽东同志早就讲过，真理的认识不是一次能够穷尽的，人们对真理的认识从感性到理性，从实践上升到理论，循环往复以至无穷。我们对企业的认识也不是一次能穷尽的。比如业务系统，你对系统的发展规律掌握得很清楚吗？我看谁也不敢断言。我们的科技质量、施工生产、安全监管、财务管理，等等，哪一个部门能说我的管理就绝对科学了，就符合客观规律了，没有人能打包票。所以说，对真理的认识是在实践过程当中不断接近真理，没有谁能穷尽真理。在我们的个别单位、个别部门，“三拍”现象依然存在，胸脯一拍什么都不怕，出了问题屁股一拍就走人，这不符合科学发展规律。

我们的领导干部要能够坐下来读书学习。我们反复讲要用国际的眼光、国际的知识去看国际市场，建设具有国际竞争力的新型企业集团。如果我们的知识、我们的思维就局限在某个部门、某个单位里，还谈什么国际竞争力？

解放生产力、推动生产力，让企业的生产力能够涌流出来，这才是我们学习的目的。关键是真正解决问题，切实突出实效。我们要加强作风建设，因为一部分单位、一部分干部的作风还不符合党风党纪的要求，也不符合形势发展的要求。至少目前有少数领导干部非常浮躁，干什么事都沉不下心来，好像什么事都要一蹴而就，想一夜之间成为亿万富翁，这怎么可能呢？搞好一个企业不容易，搞坏一个企业就很容易。还有一种现象，钱不知道赚到哪里了。办公室攀比，坐车攀比，消费攀比，这种作风不符合艰苦奋斗的要求。

加强作风建设，还要坚持诚实守信。诚实守信就是实事求是，事情的本来面貌是什么就说什么。我们搞企业不能搞浮夸，要实事求是。一件事说大了，不符合现实；说小了，也不符合现实。企业内部也要守信用，我们内部之间、兄弟单位之间都有一个相互配合、相互支持的问题。如果不守信，总包、分包处理不好关系，有钱也不给，内部拖欠好几年，这就是不守信的表现。如果要工程的时候信誓旦旦，出了问题又把责任都推给别人，这同样是作风问题。我们还要提倡艰苦奋斗、勤俭节约，这也是我们党的优良传统之一。但现在我们做得是不是很好啊？加强作风建设是多方面的，希望我们能加强思想道德建设，加强党性修养，严格要求自己，多做贡献。